Adolf Kohut

Auber

Adolf Kohut

Auber

ISBN/EAN: 9783743696839

Hergestellt in Europa, USA, Kanada, Australien, Japan

Cover: Foto ©ninafisch / pixelio.de

Weitere Bücher finden Sie auf **www.hansebooks.com**

Musiker-Biographien.

Siebenzehnter Band:

Auber.

Von

Dr. Adolph Kohut.

Leipzig.

Druck und Verlag von Philipp Reclam jun.

Dr. Adolph Kohut.

Biographie Aubers

von

Dr. Adolph Kohut.

Herrn

Dr. Adolf Silberstein

in Budapest,

dem geistvollen Schriftsteller,

in freundschaftlicher Ergebenheit

der Verfasser.

.

Vorwort.

Der Hauptvertreter der modernen französischen komischen Oper, der unverfälschteste Interpret des französischen Lebens auf musikalischem Gebiete, der koketteste, geistreichste und geschmackvollste Komponist des gallischen Volkes, Daniel François Esprit Auber, hat in seinem eigenen Vater= lande nur wenige Biographen gefunden. Obschon er fast neunzig Jahr alt geworden, hat er nicht viel erlebt, denn er war ein Vollblutpariser, welcher seine geliebte Hauptstadt fast nie verließ, und der Romantik bot sein Thun und Lassen nur geringe Ausbeute. Deshalb haben die Lebensbeschreiber an der Seine den fruchtbaren Altmeister im allgemeinen so ziemlich ignoriert. Natürlich hat man in Deutschland das edle Beispiel, welches uns jenseits der Vogesen geboten wurde, befolgt, und so besitzen wir noch keine einzige, halb= wegs gründliche und erschöpfende, Lebensbeschreibung Aubers.

Und doch verdient der Genius, welcher wahrhafte Ursprüng= lichkeit mit unerschöpflichem Melodienreichtum, unverwüstliche Schöpfungskraft und Fruchtbarkeit mit französischem Geist und liebenswürdigster Grazie aufs Glücklichste verband, der als Großmeister der modernen komisch=romantischen Oper so Ge= waltiges und Mustergültiges schuf und durch seine „Stumme von Portici" auch in der großen Oper bahnbrechend wirkte, indem er die zweite Entwickelungsperiode der französischen „grande opéra" begründete, eine eingehendere Betrachtung, um so mehr, als viele seiner Opern, wie „Der Maurer und

Schlosser," Fra Diavolo," „Des Teufels Anteil," „Der
schwarze Domino," „Die Stumme von Portici" und noch
andere seiner Tonwerke seit Jahrzehnten ihre Zugkraft be=
währt haben und voraussichtlich auch für die Zukunft noch
Millionen Herzen entzücken werden.

Obschon Auber, wie gesagt, durch und durch Franzose
war, der nur für die Franzosen schrieb, obwohl ganz und gar
ein Kind der modernen Pariser Kultur, hat er dennoch auch
in Deutschland eine außerordentliche Volkstümlichkeit erlangt,
und so wage ich zu hoffen, daß man diese erste, aus deut=
scher Feder stammende, eingehendere Biographie des großen
Tonschöpfers auch bei uns nicht ohne Interesse lesen wird,
zumal ich bestrebt war, alles zu sammeln, was dazu bei=
tragen kann, den Meister und sein Dichten und Trachten
dem Verständnis der Gegenwart näher zu bringen. (Vgl.
auch die trefflichen Einleitungen des verdienstvollen Forschers
und Kritikers Carl Friedrich Wittmann zu den Opernbüchern
„Fra Diavolo" und „Maurer und Schlosser," Univ.=Bibl.
Nr. 2689 und 3037).

Der geneigte Leser wird gewiß finden, daß hier so mancher
Charakterzug aus dem Leben meines Helden wiedergegeben
ist, der bis dahin wenig oder gar nicht bekannt war, und
daß nicht allein der Tonkünstler, sondern auch der Mensch
sine ira et studio, mit all seinen Licht= und Schatten=
seiten, gewürdigt wurde.

Berlin, August 1892.

Dr. Adolph Kohut.

Daniel François Esprit Auber.

Daniel François Esprit Aubers Jugenderziehung und Bildung. —
Sein Erstlingswerk: „Julia." — ;„Le séjoure militaire." — Sechs-
jährige Schaffenspause. — Planard und seine drei Texte: „Le testament et les billets doux," „La bergère châtelaine" und „Emma, ou
la promesse imprudent." — Rossini und sein Einfluß. — Eugen
Scribe. — „Leicester." — „La neige, ou le nouvel Eginhard." —
„Vêndome en Espagne." — „Les trois genres." — „Le concert à la
cour ou la débutante." — „Léocadie." — „Le Maçon." — „Le timide
ou le nouveau séducteur." — „Fiorella."

Daniel François Esprit Auber wurde am 29. Jan.
1782 (und nicht 1784, wie dies von einigen Biographen
irrtümlich angegeben wird) in Caën, in der Normandie,
(seine Eltern befanden sich eben auf Reisen) geboren; aber
trotz seines normannischen Ursprungs blieb er Zeit seines
Lebens Pariser, welcher das „Mekka der Civilisation" über
alles liebte, und dessen angenehmste Erholung und Zer-
streuung die Pariser Salons, Boulevards und Theater bildeten.

Sein Großvater war ein nicht unbedeutender Maler,
sogar Hofmaler des Königs. Sein Vater, ein wohlhaben-
der Kunsthändler, — ursprünglich Jägeroffizier im Dienste
des Königs (Officier des chasses), welcher sich auch als
Maler, Sänger und Violinspieler rühmlich hervorthat —
bestimmte den Knaben anfänglich für den kaufmännischen
Beruf, obschon das Kind deutliche Spuren seiner hervorragenden musikalischen Begabung, welche der Vater nicht un-
beachtet hätte lassen sollen, zeigte. Doch erhielt Auber frühzeitig eine gediegene musikalische Erziehung. Im Klavierspiel und im Gesang eignete er sich beachtenswerte Fertig-
keiten an. Ein Freund des elterlichen Hauses, der gefeierte
Sänger Martin vom Théâtre Feydeau, gab sich besondere
Mühe, den hochbegabten Kleinen zum Sänger heranzubilden.

Thatsache ist, daß er schon mit elf Jahren Romanzen schrieb, welche in den Salons viel Beifall fanden, ebenso zeichnete er sich schon frühzeitig durch geschmackvolle und geschickte Zeichnungen aus. Trotz alledem trat er nach beendeter Schulbildung, in seinem 20. Jahre, in ein Londoner Geschäft ein, wo er Commis in einem Verwaltungsbureau wurde; aber schon damals beschäftigte ihn die Komposition von ein- und mehrstimmigen Gesängen mehr als der kaufmännische Beruf. Namentlich versuchte er sich in London in seinen Mußestunden mit der Komposition einiger Quartette. Der Ausbruch der Feindseligkeiten zwischen Frankreich und England, und der Umstand, daß infolge der Unruhen die Vermögensverhältnisse seiner Eltern sich verschlechtert hatten, veranlaßte 1804 den 22jährigen Jüngling nach Paris zurückzukehren und die ihm aufgedrungene kaufmännische Laufbahn endgültig aufzugeben.

In Paris führte er das Leben eines jungen Dandy, indem er seine Zeit zwischen dem Klavierspiel und dem schon damals eifrig von ihm gepflegten Pferdesport teilte. Allezeit war Auber ein schneidiger Reiter und großer Pferdeliebhaber. Bei schönem Wetter sah man ihn später jeden Morgen längs den Boulevards über die elysäischen Felder nach dem Boulogner Wäldchen galoppieren. Seine Pferdeställe waren die schönsten und wertvollsten, welche man nach denen des reichen Bankier Schickler sehen konnte. Ein Spottvogel meinte einst, er träume nur von Marställen, Mecklenburgern und Vollbluthengsten, und daß seine Pferde unendlich besser wohnten als hunderte von deutschen Musikern.

Er betrieb nun die Musik als vornehmer Dilettant und wurde bald der Löwe der Salons. Die Romanzen und Instrumentalkompositionen, die er schuf, begleitete er selbst am Klavier in den Salons. Er schrieb ferner ein Trio für Klavier, Violine und Violoncell, mehrere Violoncellkonzerte und ein Violinkonzert. Die Zahl seiner Freunde und Verehrer wurde immer größer; 1806 trat er der Gesellschaft: „der Kinder Apollos" bei, zu deren Mitgliedern auch sein

Vater zählte, und er galt schon damals für einen vielver-
sprechenden Komponisten. Auch trat er mit namhaften Künstlern, wie z. B. dem berühmten Cellisten Lamarre, in Verbindung. Für diesen schrieb er Konzerte, die später unter
dessen Namen erschienen und demselben viel Ruhm ein-
brachten. Allmählich begann das große gebildete Publikum
das Urteil der Salons, daß in Auber ein hervorragendes
Kompositionstalent schlummere, zu unterschreiben, und Künstler wie Mazas spielten seine Violinkonzerte; am meisten aber
wurde er selbst dessen inne, daß sein eigentlicher Beruf die
Musik sei, und daß vor allem nur die dramatische Musik
ihm Befriedigung gewähren könne.

Sein Erstlingswerk schuf er mit 30 Jahren; es war dies
die komische Oper: „Julia," indem er ein altes Libretto
durch neue Musik zu beleben suchte. Dieselbe wurde auf
einem Liebhabertheater in Paris, im Jahre 1812, zum
erstenmale gegeben. Die Stimmen waren nur von zwei
Violinen, zwei Cellos und einem Kontrabaß begleitet;
aber trotz der mangelhaften Aufführung erkannten die Ver-
ständigen das hervorragende musikalische Talent des jungen
Meisters. Auber, welcher auch später niemals durch den
Ruhmesweihrauch in seinem gesunden Urteil sich beirren
ließ und der wohl wußte, daß er bis dahin nichts Großes
geleistet, das ihm Ursache gegeben hätte, sich zu überheben,
fühlte am besten die Fehler seiner Komposition und den
Mangel ernster musikalischer Studien. Er sah die Notwendigkeit ein, sich gründlicher als bisher mit dem Studium
des Tonsatzes zu befassen, um so mehr, als der große
Komponist und Lehrer Luigi Cherubini, welcher der Aufführung der „Julia" beigewohnt hatte, bei aller strengen
Kritik die geniale Veranlagung Aubers erkannt hatte. Dies
ermunterte diesen zu einem Versuch, eine Oper für volles
Orchester zu komponieren. Bald hatte „Julia" einen Bruder. Diese Oper wurde auf der kleinen Bühne des Prinzen
Chimay, eines Freundes und Gönners Cherubinis, aufge-

führt, und es lagen die Rollen in den Händen des Prinzen und der Prinzessin und der Madame Pauline Duchambye. Auber war aber zu klarblickend, um nicht zu bemerken, daß die Erfolge des Dilettantismus von keinem dauernden Wert seien; das unfruchtbare Tändeln mit Tönen war nicht imstande, ihm Befriedigung zu gewähren. Von Grund aus wollte er deshalb anfangen, und so faßte er denn einen heroischen Entschluß: in dem Alter, wo andere schon nicht gern lernen, ließ er sich ins Konservatorium aufnehmen, um unter dessen Direktors, Luigi Cherubinis, Leitung die Kunst der Komposition zu studieren.

Der Erfolg blieb auch nicht aus. Auber war rastlos fleißig, und Cherubini mit Eifer bemüht, seinen genialen Schüler in die Geheimnisse des Kontrapunkts einzuweihen*). Das Zeugnis der Reife erwarb er sich durch die Vollendung einer vierstimmigen Messe, die nie in die Öffentlichkeit gelangt ist. Ihr „Agnus Dei" gab später den Stoff zum Hochzeitsgebete im ersten Akte der „Stummen von Portici."

Bisher war der junge Komponist dem großen Publikum noch wenig bekannt geworden. Dies sollte sich nun einigermaßen ändern. Am 27. Februar 1813 erschien er zum erstenmale vor dem Publikum des Théâtre Feydeau, — der damaligen Opéra comique — welches sich nunmehr vor ihm aufthat. Die einaktige Oper betitelte sich: „Le séjour militaire" („Die militärische Rast"). Im Foyer des Theaters sagte er vor der Aufführung zu dem Kardinal von Retz mit

---

*) Bis an sein Lebensende bewahrte Auber für seinen großen Lehrer die aufrichtigste Verehrung und Bewunderung. Als Emil Naumann den greisen Auber im Jahre 1867 in Paris besuchte, sagte dieser zu jenem bei dessen Abschiedsbesuche: „Ehe Sie scheiden, sollen Sie noch das Köstlichste sehen, was meine Notenschränke verschließen," mit welchen Worten er seinem Gast das Manuskript einer ihm von Cherubini geschenkten Messe — der missa solennis — vorlegte. Die ehrfurchtsvolle Miene, mit der der alte Herr die Kapsel aufschloß, welche der unschätzbaren Handschrift zum Schutze diente, sowie die hohe, stolze Genugthuung, mit der er darauf die Partitur aufschlug, machte auf Naumann einen unvergeßlichen Eindruck.

viel Selbstbewußtsein: „Monseigneur! ich bin bis jetzt nur
im Parterre oder höchstens nur im Orchester gewesen, um
mit Geigen zu spielen oder zu tändeln; jetzt will ich auf
eine Bühne steigen, und Sie werden Scenen erblicken, welche
Ihre Aufmerksamkeit verdienen." Die überschwenglichen Hoffnungen des Komponisten gingen aber nur zum sehr geringen
Teil in Erfüllung. „Le séjour militaire," dessen Libretto
Bouilly und Dupaty geschrieben, war ein pikantes Karne-
valsstück, worin die Offiziere der Opéra comique sich als
Frauen verkleideten. Die Kritik rühmte die Musik, ließ aber
an dem Libretto kein gutes Haar. So sagte z. B. der Re-
censent Martainville im „Moniteur" u. a.: „Herr Auber
hat sich durch diese Musik ein unleugbares Verdienst erworben; sie ist nicht geräuschvoll, wiederholt sich nicht, vielmehr ist der Gesang ununterbrochen, die Motive reizend, in
der Scenerie zeigt sich Geist — eine Unbegreiflichkeit für sein
Alter!" Wenn der Meister nun auch durch diese Oper einigermaßen bekannt wurde, so betrübte ihn doch der Mißerfolg
des Textes sehr. Volle sechs Jahre blieb er deshalb stumm,
ehe er einen zweiten Versuch wagte.

„Was haben Sie während dieser sechs Jahre angefangen?"
fragte den auf der Sonnenhöhe des Ruhmes stehenden Komponisten einst der Musikschriftsteller Jouin.

„Nun, ich habe unausgesetzt, aber vergebens, bei unsern
Theaterdichtern, den vornehmen wie den geringen, meine
Aufwartung gemacht und wurde von jenen stets besser auf-
genommen als von diesen."

„Jeden Tag?"

„Jeden Tag!"

„Und Sie erzählen mir das, ohne sich zu ärgern?"

„Im Gegenteil! Ich spreche mit Freude davon. Es war
eine gut angelegte Zeit! Ach, wäre ich nur noch jünger, ich
würde jetzt auch noch Herrn Victorien Sardou den Hof machen!"

Schon wollte er, da er kein zugkräftiges Libretto be-
kommen konnte, verzweiflungsvoll der Komponistenlaufbahn

entsagen, als mißliche Vermögensverhältnisse ihn zwangen,
den Kampf ums Leben mit aller Entschiedenheit aufzunehmen.
Sein Vater war gestorben und hatte seiner Witwe und
seinen zwei Söhnen gar kein Vermögen hinterlassen. Man
hatte ihn für reich gehalten, aber er war es nicht, oder
wenigstens nicht mehr. Die Gläubiger des verstorbenen
Kunsthändlers nahmen sogar Besitz von dem Hause, welches
die Familie Auber bewohnte, und der zukünftige große Künstler konnte es nur mit großer Mühe durchsetzen, eine kleine
Stube im Hintergebäude zu erhalten, die der Wohnung des
Portiers gegenüber lag. Si non e vero, e ben trovato!
Diese von Juvin erzählte Geschichte möchte ich aber nicht als
unumstößliche Wahrheit hinstellen... Es war also für ihn eine
Lebensfrage, ein gutes Libretto zu erlangen, denn er wollte
keinen „Achtungserfolg“ mehr, sondern einen Sieg erringen.
Besonders war es der Schriftsteller Planard, einer der Wort-
führer des Théâtre Feydeau, den er fortwährend umkreiste.
Bei Wind und Regen, ob es schneite oder stürmte, bei größter
Hitze und Kälte, begab sich tagtäglich der junge arme Komponist zu Fuß von Paris nach Passy, in eine Künstlergesell-
schaft, wo Planard regelmäßig zu verkehren pflegte. Dort setzte
er sich bescheiden ans Klavier und begleitete die Musik —
der anderen. Vergebens hätte er jedoch das Herz des damals so einflußreichen Mannes erweicht, hätte er nicht in
seinem Meister Cherubini einen eifrigen Fürsprecher gefunden. Neben diesem war es Madame Planard, welche für
ihn plädierte. „Gieb doch diesem armen Herrn Auber,“ sagte
sie oft zu ihrem Manne, „ein Libretto; er ist so sehr gebildet
und begleitet so schön.“ Trotz dieser Fürsprecher zauderte
Planard noch lange; er sagte einmal: „Auber hat zu viel
Geist, um ein guter Musiker zu sein“ — aber schließlich ge-
wann das Mitleid die Oberhand und er übergab dem jungen
Maestro nicht weniger als drei Texte zum Komponieren;
den Einakter: „Le testament et les billets doux“ („Das
Testament und die Liebesbriefe“), die gleichfalls einaktige

Oper: „La bergère châtelaine" („Die Geliebte vom Schlosse"), und die dreiaktige Oper: „Emma, ou la promesse imprudent" („Emma, oder das unbedachte Versprechen").

Mit Feuereifer ging Auber an die Komposition der drei Texte. Nach einer Unterbrechung von sechs Jahren sollte er aufs neue eine Probe seiner Schaffenskraft ablegen; am 18. September 1819 wurde „Das Testament" gegeben, aber die Erwartungen des Komponisten erfüllten sich nicht. Das „Journal des Débats" beschränkte sich in seiner Kritik dar= auf, in einem geringschätzigen „Fait-Paris" zu sagen, daß „Mr. Auber nicht genug mit den Thatsachen der Scene ver= traut gewesen sei", und im „Journal de Paris" warf man der Musik „Mangel an Begeisterung" vor. Die schlechtesten Witze wurden gemacht; so sagte man z. B. die „Liebesbriefe" seien nicht an ihre Adresse gelangt, und seine Neider meinten, auch er könnte — als Komponist — sein Testament machen.

Vier Monate nach dieser verlorenen Schlacht sollte er end= lich seinen ersten glänzenden Sieg feiern. Am 27. Jan. 1820 ging „La bergère châtelaine" in Scene, und der achtund= dreißigjährige Komponist wurde wie ein glänzender Komet am Himmel der Tonkunst gefeiert. Der komischen Oper war plötzlich in Auber ein Komponist erstanden, welcher das Volk entzücken und das Theater bereichern mußte, und in der That hat er seitdem volle fünfzig Jahre hindurch mit be= wunderungswürdigem Fleiße daran gearbeitet, der komischen Oper zu immer üppigerem Leben zu verhelfen. Während Rossini, siebenunddreißig Jahre alt, von Ehren und Er= folgen übersättigt, von der Bühne schied, verzeichnete Auber erst mit achtunddreißig Jahren seinen ersten Triumph, welcher ihn unablässig anspornte, auf dem betretenen Pfade weiter zu schreiten. Lessing sagt: „Des Fleißes darf sich jeder rühmen," und in der That verdankte auch Auber einen großen Teil seiner Siege seinem rastlosen, nie ermüdenden Vorwärtsstreben. Mißerfolge und Niederlagen hielten ihn in seiner Laufbahn nicht auf. So wurde allmählich aus dem

Dilettanten, dem Löwen der Salons, ein ausgezeichneter
Tonschöpfer, welcher bald seine Vorgänger in der komischen
Opernarbeit, Grétry, Philidor, Monsigny, Isouard und
sogar Boëldieu, den Komponisten der „Weißen Dame," in
den Schatten stellte. Die komisch=romantische Oper war es,
welche er qualitativ wie quantitativ außerordentlich befruch=
ten sollte, während er die sogen. „große Oper", zu deren
Groß= und Altmeistern er gleichfalls zählt, nur durch vier
Werke, von denen aber nur eins, „Die Stumme von Portici",
sich die Welt eroberte, bereicherte.

Nicht minder großen Erfolg erzielte Auber mit „Emma";
ja, die Kritik rühmte diese dreiaktige Oper, welche am 7. Juli
1821 zum erstenmale in Scene ging, noch mehr und erklärte
sie sogar für das beste Werk des jungen Meisters. Verriet
sich auch hier noch der mächtige Einfluß Grétrys und Mon=
signys, so zeigte doch bereits die reiche Orchestrierung, die
üppige Harmonie und der geistvolle dramatische Gesang
das Bestreben des Komponisten nach Selbständigkeit.

Es konnte nicht ausbleiben, daß auf den empfänglichen
Sinn des leicht entzündlichen, überaus vielseitigen jungen
Meisters der Genius Rossinis gewaltig einwirken mußte.
Der „Barbier von Sevilla" hatte 1819 seinen siegreichen
Einzug in Paris gehalten, ihm folgten die anderen Opern
des „Schwanes von Pesaro" und zuletzt er selbst. Und in
der That verdankt die französische Bühne diesen beiden Ton=
dichtern ihre Wiedergeburt. Es ist ein erhebendes Schau=
spiel, zu sehen, wie dieses Dioskurenpaar vom ersten Augen=
blicke seiner Verbindung stets Sympathie und Liebe für
einander hegte; dieselbe gründete sich auf der Basis gegen=
seitiger Achtung und Verehrung und vor allem neidloser
Anerkennung.

Welchen Eindruck die Persönlichkeit und das Spiel
Rossinis im Anfang der zwanziger Jahre auf Auber machte,
erzählte einst dieser selbst. Es war bei einem von dem
beliebten italienischen Opernkomponisten Michele Carafa

veranstalteten Bankett, dem Auber in Gesellschaft Boïeldieus beiwohnte. Auber erzählt nun unter andern: „Als man vom Tische sich erhob, wurde Rossini ans Klavier gedrängt, und ich werde nie die Wirkung vergessen, welche uns der von Leben und Laune glühende und sprühende Vortrag seiner Figaro = Arie hinterließ. Er besaß einen überaus schönen Bariton und sang seine Musik mit einem Geist und Feuer, dergleichen ich weder bei Pellegrini, noch bei Gelli und Lablache wiedergefunden. Nicht minder staunenswert war seine Begleitung. In ein Orchester schien das Klavier um= gewandelt, so gewaltig war der Tonsturm, den seine all= gegenwärtigen Hände entfesselten. Da er geendet, fiel mein Blick unwillkürlich auf die Tasten, ich glaubte, sie rauchen zu sehen. Spät in der Nacht heimgekehrt, hatte ich Lust, meine Partituren ins Feuer zu werfen. „Vielleicht werden sie dann warm," sagte ich mir in tiefster Entmutigung; „was nützt es, Musik zu machen, wenn man es nicht kann wie Rossini?" Den Napoleon unter den Komponisten nannte ihn seitdem Auber, und dieser hat von jenem sehr viel ge= lernt, wenn auch Otto Gumprecht mit seiner Behauptung durchaus im Rechte ist, daß das Verhältnis zu Rossini und zur italienischen Oper bei Auber nie zu gänzlicher Selbstentäußerung und zu völligem Vergessen und Verleugnen der eigenen Ver= gangenheit, wie sie z. B. einen bestimmten Abschnitt in dem an Wandlungen so reichen Leben Meyerbeers bezeichnen, ge= führt habe. Vor wie nach redete er seine musikalische Mutter= sprache, nur in ihrem Sinne und zu ihrem Besten suchte er den der Produktion des Auslands abgewonnenen geistigen Erwerb zu verwerten. Nicht sowohl nachahmen wollte er sein Vorbild, als es ihm gleich thun. Was er ihm verdankte, war nicht äußerliche Art, sondern innere Kräftigung und Anregung. Auf seine Phantasie wirkte der Genius Rossinis wie der Frühling auf die Erde, die Liebe auf das Herz des Menschen. Alle Keime des Lebens, die jene barg, gelangten zu üppigem Gedeihen, eine Menge junger Kräfte wurden

plötzlich in ihm wach. Immer mehr verschwand die Steif=
heit und Trockenheit, die als Erbteil des alten Chanson der
Melodie bisher angehaftet, in breiterem, tieferem Bette strömte
die Harmonie, der Ausdruck pulsierte in rascheren, energi=
scheren Schlägen, überall traten Reichtum und freie Be=
wegung an die Stelle der Armut und Gebundenheit. Rossini,
der übrigens bekanntlich Freund und Feind durch seine epi=
grammatischen Spitzen nicht verschonte, hat später, als Auber
mit seiner „Stummen von Portici" und mit „Fra Diavolo"
fast seinen Ruhm verdunkelte, das Wort gesagt: „C'est un
grand mucien que Auber compose de petit musique!"

Mit „Emma" hörte das Zusammenwirken Aubers mit
Planard auf, um einer anderen Verbindung Platz zu machen,
welche für den Komponisten noch viel dankenswerter und
erfolgreicher, als diejenige mit seinem bisherigen Librettisten,
werden sollte. Er kam mit dem unvergleichlichsten und ge=
schicktesten Textdichter Frankreichs, dem geist= und erfolg=
reichen Lustspielverfasser Eugen Scribe, dem auch be=
kanntlich Giacomo Meyerbeer einen großen Teil seiner
Erfolge zu verdanken hatte, in Berührung. Schon von
anderer Seite ist darauf treffend hingewiesen worden, daß
in der ganzen Art und Richtung des Talents Aubers und
Scribes sich die seltenste Übereinstimmung zeige. Aus ähn=
lichem Stoffe war das innerste Wesen beider gebildet, alle
Vorzüge und Schwächen des einen gewahren wir in denen
des anderen wiedergespiegelt. Was wir bei dem Dichter wie
bei dem Musiker schätzen und bewundern, ist nicht sowohl die
Bedeutung des Inhalts, die Macht und Größe der Erfin=
dung als vielmehr der Reiz des Ausdrucks, die Anmut und
Beweglichkeit der Darstellung. Hier wie dort weit mehr
Geist als eigentliche Phantasie und wiederum ungleich mehr
Phantasie als Gemüt. Ungleich genug sind die Fäden, die
sie zu ihren Gespinsten verwenden, und Zeichnung und
Kolorit keineswegs mannigfaltig; aber wie oft sich auch die
Muster wiederholen, wählerischen Geschmack verleugnen sie

nie, und die Feinheit und Sauberkeit der Arbeit läßt uns
gern darauf verzichten, den Stoff ängstlich nachzuwiegen.
Die Verbindung zwischen beiden hat bis zum Tode Scribes
gedauert; sie wurde nie durch Mißhelligkeiten getrübt, und
diesem vierzigjährigen Bunde hat die Opernlitteratur mehr
als dreißig Werke zu verdanken.

Den ersten Schritt zur Einleitung dieser glücklichen Ehe
hatte Scribe gethan, welcher nach dem glänzenden Erfolg
von „La bergère châtelaine" an den Komponisten die
nachstehenden Zeilen schrieb:

„Mein Herr! wollen Sie mir gestatten, in ein Volks=
lied, welches ich in diesem Augenblick für das Theater de la
Dual schreibe, Ihre reizende und volkstümliche Taktnote aus
„La bergère" zu verweben? Ich will es Ihnen nicht ver=
heimlichen, daß ich mich dem Direktor gegenüber verpflichtet
habe, mit meinem Stücke Beifall zu ernten und daß ich zu
diesem Zwecke auf Ihre köstliche Musik gerechnet."

Auber, liebenswürdig wie immer, antwortete unter an=
dern sofort:

„An meiner Taktnote ist wenig gelegen, mein Herr, und
Ihr Geist kann sich über meine schwache Hilfe hinwegsetzen;
aber wenn zugleich mit der Erlaubnis, um die Sie mich
gebeten haben, und um welche Sie mich gar nicht zu bitten
brauchen, Ihnen auch die niedliche Stimme von Madame
Boulanger lachen könnte, würden wir beide dabei gut weg=
kommen."

Auber hatte recht, wenn er Madame Boulanger einen
wesentlichen Anteil des Erfolgs an seinen letzten beiden Opern
zuschreibt. Die damalige Primadonna der Komischen Oper zu
Paris wird von allen Zeitgenossen als eine ganz außerordent=
liche Künstlerin, mit schöner Stimme, Geist und begeistertem
Spiel, gerühmt! Sie war auch eine imposante Erscheinung,
mit seelenvollen Augen und bezauberndem Lächeln. Neben
dieser Diva glänzte in den Jahren von 1820—1825 an der
Komischen Oper noch Madame Rigault, eine kleine Blon=

tine, mit seiner Stimme und seinem Spiel. Sie sang sehr
sauber, intonierte glockenrein und war eine richtige italieni=
sche Sängerin.

Das erste Werk, welches den Einfluß des Rossinischen
Geistes nicht verleugnen kann, und zu welchem Scribe
— im Verein mit Mélesville — zum erstenmale den
Text geschrieben, heißt: „Leicester". Diese dreiaktige Oper
wurde am 25. Jan. 1823 zum erstenmale aufgeführt.
Denselben Stoff hat übrigens auch Rossini in seiner Oper:
„Elisabetta" zum Texte genommen. Der Librettist be=
nutzte hier den Roman von Chateau de Kenilworth, der
wieder seinerseits aus Walter Scott geschöpft hat. Die
Oper zeigt in Motiven, Koloraturen, Ausdrucksformen und
Wendungen deutlich die Einwirkung des großen italieni=
schen Meisters. Sie hatte entschiedenen Erfolg und die
Kritik nahm sie sehr sympathisch auf. Noch durchschlagen=
der war der Sieg, den Auber mit seiner, am 3. Okt. 1823
zum erstenmale gegebenen, vieraktigen Oper: „La neige, ou
le nouvel Eginhard" („Der Schnee, oder der neue Egin=
hard") — Text von Scribe und Delavigne — errang. Hier
bekundet sich aufs Deutlichste die Nachahmung des Rossinischen
Stils, sowohl in Bezug auf Koloraturen wie Formen und
Ausdrucksweise. Die große Leichtigkeit, das Feuer und die
Anmut der Melodien und die Fülle der Harmonien gefielen
außerordentlich und bewirkten, daß „Der Schnee" einen
Triumphzug durch alle Städte Europas antrat. Auch in
Berlin wurde die Oper, zuerst am Königstädtischen Theater,
dann am Königlichen Opernhaus, gegeben, und entfesselte
Henriette Sontag in der Hauptpartie Stürme des Bei=
falls. „Der Schnee" war es, welcher in Deutschland den
Ruf des Komponisten begründete; denn bei aller Anlehnung
an Rossini, zeigt der Autor auch hier schon seine bezaubernde
Anmut und volkstümliche Frische, kurz, jene Eigenarten,
welche ihm die unsterbliche Bedeutung für immer sichern.

Auber, alle Zeit überaus fruchtbar, schuf noch im selben

und im folgenden Jahre (1823 und 1824) mehrere Werke,
welche aber nur geringeren Erfolg erzielten und vom Re=
pertoire verschwunden sind. Ich nenne hier nur die einaktige
Oper: „Vendôme en Espagne" („Vendôme in Spanien"),
welche Partitur er zusammen mit Herold, dem Komponisten
von „Zampa," schrieb (Dichtung von Empés und Meunechet),
und ferner die gleichfalls einaktige Oper: „Les trois genres"
(„Die drei Arten"), welche er in Gemeinschaft mit Boïeldieu
komponierte (Text von Pichat, Dupaty und Scribe). Viel
mehr Beachtung fand die am 3. Juni 1824 zum erstenmale
gegebene einaktige Oper: „La concert à la cour ou la
débutante" („Das Konzert am Hofe oder die Debütantin"),
und wurde dieselbe nicht allein in Frankreich, sondern auch
im Ausland, speciell in Deutschland, viel und mit Beifall
aufgeführt (Dichtung von Scribe und Mélesville). Gleich
freundlicher Aufnahme hatte sich die dreiaktige Oper: „Léocadie" (von denselben Librettisten), welche am 4. November
1824 ihre Premiere erlebte, zu erfreuen. In beiden Opern
gab sich Auber vielfach in seiner ganzen Eigenart, streifte er
immer mehr den Einfluß Rossinis ab, und gehören dieselben
noch jetzt zu den besseren Arbeiten im komischen Opernstil.
Man kann nur bedauern, daß diese Werke im Archive der
Opernbibliotheken modern. Wir wünschen lebhaft, daß ein=
mal ein Versuch gemacht würde, durch eine Neueinstudie=
rung der genannten Opern deren Lebensfähigkeit zu erproben!

Der unermüdlich Schaffende beschenkte am 3. Mai 1825
sein Vaterland und die Welt mit einer der herrlichsten Blüten
der komischen Oper, nämlich dem Dreiakter: „Le Maçon"
(„Maurer und Schlosser"), Text von Scribe und
Delavigne. Der für das wahrhaft Volkstümliche so em=
pfängliche Geist Aubers dokumentiert sich hier in glänzender
Weise. In frischen, glühenden Farben spiegelt er in dieser
echt französischen Musik das Leben des französischen Volkes
wieder. Dieser Roger, bemerkt August Wünsche mit Recht,
der in seiner einfachen Haltung nichtsbestoweniger den vor=

nehmen Mann, den Oberst Léon be Mérinville, schützt, mit ihm Freundschaft schließt und dessen Handwerkslied zum Signal der Befreiung von einer großen Gefahr wird, war das nicht die Sehnsucht des französischen Volkes, wie sie sich kurz vor der Julirevolution äußerte? Pochte nicht das Herz von Hoch und Niedrig, wenn es die Gefahr sah und den mutigen, entschlossenen Maurer als Retter wußte? Und dabei das heitere Abspielen der volkstümlichen Scenen, dann wieder das Bildchen der liebenswürdigen Prinzessin, wie es sich in der Henriette aufrollt, und das selbst in dem Zankduett mit ihrer Nachbarin Madame Bertrand nichts von ihrer ursprünglichen Anmut verliert — alles das bringt noch jetzt, fast siebzig Jahre nach ihrer Erstaufführung, fascinierende Wirkungen hervor, und es war ganz natürlich, daß Auber bald der Liebling seines Volkes wurde. Für alle Zeiten wird uns in „Maurer und Schlosser" die Schlichtheit und Natürlichkeit der Stimmung und des Ausdrucks entzücken. Der gesunde, frische Realismus berührt uns ungemein wohlthuend, und wir finden hier sogar etwas, was bei Auber sonst nicht sehr stark vertreten ist und das gerade deshalb in Deutschland besonders siegreich wirken mußte — das Gemüt.

Auber verschaffte sich durch diese romantisch=komische Oper mit einem Schlage einen Weltruf. Die Emanzipation von dem Rossinischen Stil ist hier vollendet. Der Komponist weiß nicht nur für das Liebenswürdige und Volkstümliche bestrickende originelle Weisen, sondern auch für das fremdländische, türkisch=orientalische Element den packenden dramatischen Ausdruck zu finden und uns in lebhafteste Spannung zu versetzen. Nicht umsonst hat sich „Maurer und Schlosser" auf dem Repertoire aller Bühnen der Welt erhalten, und so lange man noch für den musikalischen Konversationston — wie er bisher noch nicht existierte — für reizvolle, bezaubernde Melodien, humorvolle Gestaltungskraft und anmutige Formenschönheit Sinn und Verständnis hat, wird dieses Juwel gewiß auf allen Bühnen diesseits und jenseits des Oceans seine Herrschaft behaupten. Auch kulturgeschichtlich wird diese Oper unvergänglich sein, nämlich als Spiegelbild des französischen Volkes vor der Julirevolution mit seiner ganzen Tüchtigkeit und Liebenswürdigkeit.

Die Verdienste, welche sich der Maestro um die französische Musik erworben, ehrte Karl X. von Frankreich dadurch, daß er ihn im selben Jahre zum Ritter der Ehrenlegion ernannte.

Nach den dankenswerten statistischen Angaben Carl Friedrich Wittmanns wurde die Oper an der Berliner Hofoper zum erstenmale am 19. März 1826 gegeben, und fanden bis Mitte 1892 im Ganzen 177 Aufführungen statt. Von deutschen Bühnen folgten dann noch im selben Jahre: Prag, Frankfurt a. M., Weimar, Mannheim, Wien, Bremen und Leipzig.

Die beiden folgenden Opern Aubers, der Einakter: „Le timide, ou le nouveau séducteur" („Der Schüchterne oder neue Verführer") — Text von Scribe — und der Dreiakter „Fiorella" („Das Pilgerhaus") — Dichtung gleichfalls von Scribe — lassen sich mit „Maurer und Schlosser" auch nicht im Entferntesten vergleichen. Das erste Werk wurde am 30. Juni 1826 und das zweite am 28. November deß. J. ohne nachhaltigen Erfolg gegeben — obschon beide sich durch ansprechende Partien auszeichnen und an poetischen Einzelheiten reich sind. Augenscheinlich befand sich Auber, verwöhnt durch den glanzvollen Beifall des „Maurer", zu jener Zeit in großer Mißstimmung. Dies erkennt man schon aus einem Briefe, den er zwei Monate vor der Aufführung von „Fiorella" an seinen Freund, den Baron Trémont auf Schloß Ray in Haut-Saone*), richtete und dessen charakteristischer Wortlaut also lautet:

---

*) Das französische Original ist im Besitz des Marquis de St.-Hilaire in Paris; vergl. auch La Mara: „Musikerbriefe aus fünf Jahrhunderten," 2. B., S. 52 ff.

„Mein lieber Freund! Du haſt mich dieſen Sommer
wirklich ſchlecht behandelt und mir herzlich wenig geſchrieben.
Zerſtreuungen, Bäder, Landſitze — alles beeinträchtigte die
Pariſer —, deren du dich nur am dreißigſten jedes Monats
erinnerſt.

„Wenn du dich amüſiert haſt, ſo habe ich mich dafür
ſattſam gelangweilt. Ich bin aus dieſem hündiſchen Paris
nicht herausgekommen, noch dazu, ohne daß mir dies etwas
eingetragen hätte, denn ich habe wenig gearbeitet.

„Alſo nahezu ein volles Jahr das Pech! Zeit wäre es,
daß es einmal aufhörte. In Kurzem wird man die Proben
zu ‚Fiorella‘ wieder aufnehmen. Hat dieſe arme
‚Fiorella‘ keinen Erfolg, ſo durchbohre ich mein
zartes Herz und hinterlaſſe dir in meinem Teſta=
ment alle meine Manuſkripte, aus denen du,
ſpielt dir das Glück einen rechtſchaffenen und
zartfühlenden Dütenkrämer in die Hand, noch ein
hübſches Sümmchen herausſchlagen kannſt.....
Du ſagſt mir nichts von deiner Rückkehr? Wirſt du denn
bis in den Oktober hinein noch Bäder gebrauchen? Apropos:
Bäder! Über deine Aufführung in Plombières las ich Ein=
gehenderes; es heißt, daß die olympiſchen Spiele dich nicht
zum wenigſten beſchäftigen. Alſo darum vernachläſſigteſt du
uns Pariſer dergeſtalt!

„Was mich von allen Verdrießlichkeiten am meiſten
ärgert, iſt, daß ich mich wohl befinde. Meine Geſundheit
ſcheint ebenſo wenig an alle dieſe Widerwärtigkeiten zu
denken, als ob ich der vergnügteſte und zufriedenſte Menſch
wäre. Vielleicht bin ich Philoſoph! Eine Entdeckung, auf
die ich dies Jahr gern verzichtet hätte.

„Über das Theater habe ich mich nicht zu beklagen. Iſt
‚Le timide‘ auch ein ſchwaches Werk, ſo würde es doch
öfter gegeben worden ſein, hätten nicht intereſſante Um=
ſtände eine meiner Sängerinnen von der Bühne entfernt.“

Der Meiſter, welcher ſich verzehrte in den „Gluten des

Meleager," sollte bald seinen Unmut bannen und ein Werk
schaffen, welches einzig in seiner Art dasteht, den Höhepunkt
seines Ruhmes bezeichnet und das allein schon ausgereicht
hätte, ihm unter den größten Komponisten aller Zeiten einen
unsterblichen Namen zu sichern.

"Die Stumme von Portici." — Urteil Richard Wagners. — Bedeutung
der Oper. — Franz Liszts Bemerkungen. — Ein Wort Goethes. —
Robert Schumanns Ausspruch.

Der geniale Schöpfer des "Maurer und Schlosser" hatte
noch nicht sein Bestes gegeben. Mit großem Feuereifer
arbeitete er nun, um einem merkwürdigen Süjet, welches
Eugen Scribe und Delavigne verfaßten, musikalisches Leben
einzuflößen. Bisher waren die Werke des Autors nur in der
Opéra comique gegeben worden, jetzt sollten sich vor ihm
auch die Pforten der Großen Oper, der Académie royale,
eröffnen. Ja, es war diesmal eine "große" Oper, welche
dem Meister der komischen Oper als das Ideal seines Ehr-
geizes vorschwebte. Das Libretto behandelte die Abenteuer
des neapolitanischen Fischers Tommaso Aniello oder Masaniello, wie der Name zusammengezogen lautete; es glühte
fast von revolutionärer Begeisterung; denn eine Freiheits-
und Volksoper zu schaffen, erschien dem leidenschaftlichen
französischen Maestro, welcher dem revolutionären Drang
seiner Zeit gleichfalls den Tribut zahlen wollte, als die
schönste Aufgabe seines Lebens und Strebens. Und in der
That gelang es dem Genie dieses französischsten unter allen
französischen Komponisten in der ersten Hälfte des 19. Jahrhunderts, in der "Stummen von Portici" eine "große"
französische Oper zu schreiben, welche für alle späteren Schöpfungen der Tondichter desselben Stils vorbildlich wurde. Während die "Stumme" bereits am 29. Februar 1828 aufgeführt
wurde, gingen die anderen großen Opern der "Großen Oper":
Rossinis "Tell", Halevys "Jüdin" und Meyerbeers "Huge-

notten" erst später in Scene — ersteres Werk 1829 und die letzteren 1835 beziehentlich 1836 —, der beste Beweis für die mächtige Einwirkung, welche gerade die „Stumme" auf diese ganze Operngattung ausgeübt hat.

Ganz außerordentlich war der Erfolg dieser großen, revolutionären Volksoper. Die Wirkung, sagt Ernst Pasqué*), welche dieselbe in der politisch erregten Zeit, die durch die Julirevolution ihren Abschluß erhalten sollte, hervorbrachte, war eine ungeheure. Den „Masaniello" sang der berühmte Sänger Adolf Nourrit, damals ein bildschöner junger Mann von etwa fünfundzwanzig Jahren; der feurige, hinreißende Vortrag des so berühmt gewordenen Duetts, welches der damaligen politischen Stimmung nur zu sehr entsprach, die keusche, fromme Weise, in welcher der Sänger das herrliche Gebet des dritten Aktes mitsang, die innige Wiedergabe des Schlummerliedes elektrisierten das ganze Haus. Doch seinen Höhepunkt erreichte, trotz allem Vorhergegangenen, der Beifall während und nach der Wahnsinnsscene des letzten Akts. Der Künstler hatte dieselbe mit ergreifender Wahrheit gesungen und dargestellt. Bei den Stellen, wo auf Augenblicke die Vernunft des verratenen Fischerkönigs zurückkehrt, die Erinnerung wie ein lichter Strahl die Nacht des Wahnsinns durchbricht, da blieb kaum ein Auge in dem riesigen, bis zur Decke gefüllten Hause trocken.

Man kann die „Stumme" als das Vorspiel der zwei Jahre darauf erfolgten Julirevolution bezeichnen. Unter ihren Tönen begannen nicht allein die Kämpfe in Frankreich, sondern auch im Ausland, wie z. B. in Brüssel, Mailand und Warschau, und sogar in Deutschland, wo sich — ich nenne unter anderen Kassel, Braunschweig und Leipzig — die Bürgergarde die Ouverture aufspielen ließ. Die „Stumme" wirkte schlaghaft, unwiderstehlich. Die französische Neuromantik war, nach dem treffenden Worte Riehls in

---

*) „Musikalische Geschichten," S. 139 ff.

seinen „Musikalischen Charakterköpfen,“ durch sie fertig und in voller Rüstung wie aus der Erde hervorgewachsen und hatte im ersten Anlauf schon das ganze Feld gewonnen. Erprobte, längst in sich abgeschlossene Meister wurden entwurzelt und folgten der neuen Fahne. Daß Auber so plötzlich, fast durch Zufall, den sympathischen Ton der Zeit gefunden, daß er ein so grelles Widerspiel zu dem Alten und Hergebrachten über Nacht aufzustellen gewagt hatte, dies erhob seine merkwürdige Schöpfung weit über sich selbst. Wie Rossini der Sänger des süßen Friedensschlummers, so war Auber der Sänger der aufdämmernden Julirevolution. Klingt es nicht wie Hohn, daß sich die politischen Abschnitte dieser Periode jedesmal durch eine — Opernarie gespenstisch vorher angezeigt hatten?

Wie das Publikum, so nahm auch die Presse die „Stumme“ mit begeistertem Beifall auf. Aus der Fülle der Zeitungsstimmen seien in erster Linie einige Auslassungen Richard Wagners in seinen „Erinnerungen an Auber“*) wiedergegeben, weil sie getreu den gewaltigen Eindruck widerspiegeln, welche das Werk bei seinem Erscheinen in Deutschland in den Gemütern hervorrief:

„Ein Opernsüjet von dieser Lebendigkeit war noch nicht dagewesen; das erste wirkliche Drama in fünf Akten, ganz mit den Attributen eines Trauerspiels, und namentlich eben auch dem tragischen Ausgange, versehen. Ich entsinne mich, daß schon dieser Umstand ein bedeutsames Aufsehen machte. Das Süjet einer Oper hatte sich bisher dadurch charakterisiert, daß es immer „gut“ ausgehen mußte; kein Komponist hätte es gewagt, die Leute schließlich mit einem traurigen Eindruck nach Hause zu schicken. Als Spontini uns in Dresden seine „Vestalin“ aufführte, war er außer sich darüber, daß wir die Oper, wie dies überall in Deutschland geschieht, mit der immerhin vor dem Tode bewahrten

*) Ges. Werke, IX. Bd., S. 44 ff.

„Julia" auf dem Begräbnisplaße ausspielen laſſen wollten:
die Dekoration mußte wechſeln, der Roſenhain mit dem
Tempel der Venus erſcheinen, Prieſter und Prieſterinnen
des Amor mußten das glückliche Paar zum Altar begleiten:
„Chantez! Dansez!" anders durfte es nicht ſein. Und
anders war es nie bei einer Oper hergegangen: ſoll ſchon
die Kunſt im allgemeinen „erheitern", ſo war dies der
Oper ganz beſonders aufgegeben. . . . In gleicher Weiſe
wirkte die „Stumme", aber von jeder Seite her überraſchend:
jeder der fünf Akte zeigte ein draſtiſches Bild von der un-
gemeinſten Lebhaftigkeit, in welchen Arien und Duette in
dem gewohnten Opernſinne kaum mehr wahrnehmbar waren,
und, mit Ausnahme einer Primadonna=Arie im erſten Akt,
jedenfalls nicht mehr in dieſem Sinne wirkten; es war
immer ſolch ein ganzer Akt, mit all ſeinem Enſemble, wel=
cher ſpannte und hinriß. . . . Das Neue in dieſer Muſik
zur „Stummen" war dieſe ungewohnte Konziſion und
draſtiſche Gedrängtheit der Form: die Recitative wetterten
wie Blitze auf uns los; von ihnen zu den Chorenſembles
ging es wie im Sturme über; und mitten im Chaos der
Wut plötzlich die energiſchen Mahnungen zur Beſonnenheit
oder erneute Aufrufe; dann wieder raſendes Jauchzen,
mörderiſches Gewühl und abermals dazwiſchen ein rühren=
des Flehen der Angſt, oder ein ganzes Volk ſeine Gebete
liſpelnd. Wie es dem Süjet am Schrecklichſten, aber auch am
Zarten nicht fehlte, ſo ließ Auber ſeine Muſik jeden Kon=
traſt, jede Miſchung in Konturen und in einem Kolorit von
ſo draſtiſcher Deutlichkeit ausführen, daß man ſich nicht ent=
ſinnen konnte, eben dieſe Deutlichkeit je ſo greifbar wahr=
genommen zu haben; man hätte faſt wirkliche Muſikbilder
vor ſich zu ſehen geglaubt, und der Begriff des Pittoresken
in der Muſik konnte hier leicht einen fördernden Anhalt
finden, wenn er nicht dem bei weitem zutreffenderen der
glücklichſten theatraliſchen Plaſtik zu weichen gehabt hätte. . . .
Hier war eine „große Oper," eine vollſtändige fünfaktige

Tragödie, ganz und gar in Musik: aber von Steifheit, hohlem Pathos, oberpriesterlicher Würde und all dem klassischen Kram keine Spur mehr; heiß bis zum Brennen und unterhaltend bis zum Hinreißen. Der deutsche Musiker brummte verdrießlich. Was sollte er mit dieser Musik anfangen? Spektakelmusik, Lärmen und Skandal! — Es kam aber sehr viel Zartes darin vor? Und alles klang so auffallend gut, wie man es von einem Orchester im Theater in dieser Weise noch gar nicht gehört hatte? Am Ende war es doch nur Rossinische Musik, denn Rossini schoben wir nun einmal alles in die Schuhe, was wie verführerische Melodie klang. Gewiß war Rossini der Vater der modernen Opernmelodie: aber was dieser Auberschen Musik zur „Stummen" ein so eigentümliches Gepräge gab, das konnte jener selbst nicht auffinden und nachmachen. Unseren Komponisten wäre es schrecklich gewesen, nur daran zu denken, solch eine Musik nachmachen zu wollen. Aber mit der deutschen Oper ging es auf einmal auch ganz und gar nicht mehr: das war das andere, was zu beachten war. Vor allem geriet Marschner in zunehmende Konfusion: keine Oper wollte ihm mehr zuschlagen, bis er endlich doch auf den Gedanken geriet, es einmal ganz heimlich mit solch einer gehörigen Stretta: „à l'Italienne" zu versuchen, was ich zu seiner Zeit in einer, anderseits recht grunddeutsch sein sollenden Oper, „Adolf von Nassau", mit erlebte. Vor den schließlich doch unternommenen, aber als vergeblich sich erweisenden Versuchen, es dieser bösen „Stummen" nachzumachen, war man nämlich auf die Beachtung des anderen Poles unseres grassierenden Opernwesens, auf die neuere italienische Oper Donizettis und Genossen, geraten, da diese geschmeidigeren Herren der Auberschen Faktur leichter nachgegangen waren, und sie namentlich den Strettas ihrer Finales recht hinreißende Allüren zu geben verstanden; aber dies wollte alles nichts helfen: der Deutsche blieb, trotz „sizilianischer Vesper" und

anderer Mordnächte, durchaus ungeschickt, der neuen Furia
es nachzumachen."

Während Riehl die tiefe Bedeutung der genannten Oper
darin sieht, daß in der „Stummen" die Hauptperson —
sprachlos ist, muß der Wahrheit gemäß dem gegenüber hervorgehoben werden, daß weder Scribe noch Auber auch nur
die entfernteste Absicht hatten, dem Stummsein der Fenella
eine tiefere Bedeutung beizumessen, vielmehr folgten sie, wie
Jouvin, Eduard Hanslick und andere überzeugend nachge-
wiesen haben, nicht dem Drange einer neuen Zeitidee, einem
bizarren Einfall, sondern einfach einer theatralischen Notwendigkeit. Die Sache verhält sich so: Masaniellos Schwester
sollte ebenso gut eine singende Person der Oper sein, als
die übrigen; ja die ganze Disposition des Stückes deutet
darauf hin, daß Fenella als dramatische Sängerin Elviren
ebenso gegenüberstehen sollte, wie Masaniello dem Herzog
Alphons. Die Oper war bereits vom Dichter und Komponisten in diesem Sinne skizziert, als man an die Besetzung
dachte. In Frankreich gehen die Autoren theatralischer Stücke
nicht so idealistisch zu Werke, wie wir Deutschen, die wir
zuerst in der Studierstube eine Oper „an und für sich"
schreiben, um dann zu sehen, wie dieselbe mit der Wirklichkeit
sich abfinden werde. An der Großen Oper in Paris hatte
man nach dem Abgang der Sängerin Madame Branchü keine
dramatische Sängerin ersten Ranges, welche eine Hauptrolle
wie Fenella mit Erfolg durchführen und die man der gefeierten
Koloratursängerin Damoreau-Cinti, der Darstellerin der
„Elvire", würdig an die Seite stellen konnte. Hingegen
besaß die Oper damals eine Tänzerin, Demoiselle Noblet,
deren geistvoll charakterisierende Mimik gerade in den dramatischen Aufgaben sich am bewunderungswürdigsten entfaltete.
Die Leistungen dieses speciell mimischen Talents brachten
Scribe und Auber auf die Idee, Masaniellos Schwester
stumm zu machen und die Rolle der Noblet anzuvertrauen.
Der Versuch gelang vortrefflich, ja, dem Komponisten wurde

tiese seltsame äußere Nötigung geradezu eine Quelle der schönsten künstlerischen Motive. Die melodramatischen Musik= stücke, welche Fenellas Scenen begleiten, bilden nicht bloß die Juwelen der Partitur, sie gehören geradezu zu dem Ausdrucksvollsten und Feinsten, was die moderne Oper an dramatischer und dabei musikalisch schöner Charakteristik auf= zuweisen hat.

Die „Stumme von Portici" hat bis auf den heutigen Tag, obschon fünfundsechzig Jahre seit ihrem ersten Erscheinen ver= strichen sind, nichts von ihrer Schönheit, Frische und quellen= den Melodie eingebüßt. Nicht nur in Frankreich, sondern auch in der ganzen gebildeten Welt hat sie ihre wahre Zauberkraft bewährt. Die Volkstümlichkeit der Melodien der „Stummen" in allen Ländern war eine ganz außerordentliche; jahrzehntelang erklangen überall die „Barkarolen", sowohl die sonnige, heitere Morgenbarkarole des Masaniello, als die düstere, dunkelgefärbte des unbeugsamen Pietro. Das berühmte Duett: „Das teure Vaterland zu retten" wurde noch vor wenigen Jahrzehnten selbst in deutschen Studenten= kreisen mit Begeisterung und voll Hoffnung auf die deutsche Einheit gesungen — was um so bemerkenswerter ist, als die „Stumme", nach dem bezeichnenden Ausdruck Wagners, ein „Exceß des französischen Geistes" war.

Ganz abgesehen von der Tendenz und der kultur= geschichtlichen Bedeutung der Oper, muß dieselbe auch rein musikalisch zu den Perlen der Welt=Opern gezählt werden. Wieder ist es Richard Wagner*), welcher in dieser Hin= sicht gleichfalls den Nagel auf den Kopf getroffen, indem er die Neuerungen, welche aller Welt zu gute kamen, mit folgenden Worten bezeichnet: vor allem die glänzende In= strumentierung, das prägnante Kolorit, die Sicherheit und Keckheit in den Orchesteraffekten, worunter z. B. auch Aubers vorher so gewagt erscheinende Behandlung der Streichinstru=

---

*) „Erinnerungen an Auber," S. 48.

mente, namentlich der Violinen, zu zählen ist, denen er jetzt
in Masse die verwegensten Passagen zumutete. Rechnen wir
zu diesen einflußreichen Neuerungen noch des Meisters dra=
stische Gruppierung des Chor=Ensembles, welches er fast
zum allererstenmale als wirklich handelnde, uns ernstlich
interessierende Masse bewegen ließ, so führen wir in Betreff
der inneren Struktur seiner Musik noch ganz besondere
Eigentümlichkeiten in der Harmonisation und selbst der
Stimmführung an, welche wirklich als eine Bereicherung
der Mittel zutreffender Charakterisierung im dramatischen
Sinne von Auber wie von seinen Nachfolgern festgehalten
und weiter benutzt worden sind. Auch darf im gleichen
Sinne noch die feine Aufmerksamkeit erwähnt werden, welche
der Meister stets dem scenischen Vorgange zugewendet hielt,
in welchem ihm nichts entging, was er für das ein= und
ausleitende Orchesterzwischenspiel, welches sonst aus banalen
Gemeinplätzen bestand, in sinniger Weise zu fesselnden musi=
kalischen Bildern zu verwerten wußte.

Als Greis soll Auber scherzend geäußert haben, die
Musik sei ihm bis zu seinem fünfunddreißigsten Jahre eine
Geliebte, von da an seine Frau gewesen, womit er augen=
scheinlich so viel sagen wollte, daß er seitdem zu seiner Kunst
in ein kühleres Verhältnis getreten sei. Mit Recht macht
Wagner dazu die Bemerkung, daß der Meister schon stark
über jenes von ihm angegebene Alter der Jugendliebe
hinaus gewesen sei, als er die „Stumme" schrieb, und
meint, es wäre bezeichnend, wenn er den hervorragenden
Wert gerade dieser Arbeit später in der Art unterschätzte, daß
er die Zeit ihrer Abfassung bereits in die Periode seines
Erkaltens setzen zu müssen glaubte; ich bin daher mit
W. Langhans in seiner „Geschichte der Musik"*) der Ansicht,
daß Auber mit jener Periodisierung die Zeit des dilettanten=
haft=unbefangenen Behagens, der instinktiven Sangesfreudig=

---

*) 2. Bd., S. 327.

keit, den Zustand gegenüberstellen wollte, wo ihm der Ernst seiner Kunst zum vollen Bewußtsein gekommen war, und er sich, einmal in die Geheimnisse des Tonsatzes eingeweiht, an der harmlosen Thätigkeit früherer Jahre nicht mehr Genüge lassen konnte.

Nun, mag dem sein, wie ihm wolle — Auber war nicht imstande, den europäischen Erfolg dauernd festzuhalten; es erging ihm wie Rossini, der mit seinem „Tell" die kühnsten Hoffnungen auf andere heroische Opern erweckte — seine „Stumme" hatte keine Nachfolgerin.

Nicht so begeistert und bedingungslos wie Wagner be= sprach Franz Liszt, der sonst auf musikalischem Gebiet mit Richard Wagner im allgemeinen übereinstimmt, die „Stumme", aber immerhin sind seine Auslassungen, auch wenn sie tadeln, mit Objektivität und Interesse für Auber geschrieben. Am 5. März 1854 dirigierte Liszt eine Aufführung der Oper an der Hofbühne zu Weimar und er fühlte das Bedürfnis, sein Urteil auch in einem längeren Aufsatz niederzulegen, dem wir nur die nachfolgenden Stellen entnehmen*):

„Diese Gattung der französischen Oper — die große — ist gewissermaßen ein Kompromiß zwischen Dichtung und Musik. ‚Die weiße Dame' von Boïeldieu, das Interesse eines Romans in Anspruch nehmend, war eines ihrer glück= lichsten Erzeugnisse. Auber entlehnte dieses Interesse einem historischen Gebiet. Um letzteres besonders hervorzuheben, mußte er mit der sicheren Berechnung eines bewährten Ta= lents ein noch unbenutztes Element, die nationale Rhythmik und Melodik, in sein Werk hineinzuflechten, wodurch es zu einem ganz eklatanten wurde. Der malerische Stoff der ‚Stummen', dem malerischen Neapel entnommen, findet in ganz entgegengesetzten Anschauungen und Leidenschaften einen sympathischen Widerhall — so hervortretend ist die Eigentümlichkeit dieses dramatischen Komplexes! . . . Die

*) „Ges. Werke," Bd. 3, S. 80 ff.

‚Stumme‘ ift, was ein glücklicher Opernwurf und Text genannt werden kann. Auber hat früher und später mehr als ein Werk geschrieben, in welchem sich sein Talent und seine Manier als anerkennenswert bekunden. Wenn gerade diese Oper den allgemeinsten Beifall geerntet hat und noch auf Bühnen, wo seine anderen Opern allmählich verschwinden, aufgeführt wird, so liegt die Urfache in der Überfülle seiner pittoresken Motive, welche, ohne die Aufmerksamkeit und sozusagen die Macht der reinen Poesie zu beanspruchen, doch der Phantasie gefallen und sie durch eine Reihenfolge von interessanten Ereignissen, durch die Pracht der Scenerie und den Reichtum der Ausstattung beschäftigen, wozu sich noch eine Musik gesellt, die in Kolorit und Firniß uns durch ihre Originalität und Koketterie ergötzen und deren Melodie von einer schimmernd fesselnden Melodik gehoben wird. Was allerdings den Gesamtcharakter des Stils dieser Oper anbetrifft, dürfen wir uns nicht verhehlen, daß er kurzatmig und von knappem Zuschnitt ist, daß er weit hinter dem Rossinis, dessen breiter melodischer Strom oft in dreißigtaktigen Perioden sich ausdehnt, zurückbleibt. Aubers Gedanken fehlt es nicht an einer gewissen Freiheit; aber sie sind aphoristisch, abgebrochen, schwach entwickelt und ungenügend verbunden — kurz, wir finden hier mehr Schein als Inhalt, mehr Flitter als Gold, mehr Tänzelei und Hüpfen als Schwungkraft. Um für das Gesagte nur einige evidente Beispiele anzuführen, verweisen wir auf den ganzen Triumphmarsch im vierten Akt, der auch zum zweiten Thema der Ouvertüre diente und aus nur acht Takten im Viervierteltakt besteht: denn die anderen, als zweiter Teil zugefügten, vier Takte sind nichts als ein einfaches Ausfüllsel, ein beliebiger Gemeinplatz. Aber das Publikum sieht eben doch Masaniello während dieser oft wiederkehrenden acht Takte auf seinem Schimmel, es hört diese acht Takte auf allen Wachtparaden, in allen Gartenkonzerten, es hat so manche liebe Nacht nach diesen charmanten acht Takten Quadrille ge-

tanzt! Ähnlich wie der Triumphmarsch, beruht die berühmte
Marktscene auf nur einem Dutzend Takten; nicht minder
die beiden Chorgebete, die übrigens von trefflicher Wirkung
sind. ‚Petits causes, grands effects,‘ sagt Voltaire in
Bezug auf geschichtliche Ereignisse. Auber scheint es sich ge=
merkt zu haben, denn seine Opern zeugen von häufiger An=
wendung dieses Lehrsatzes. Unter manchem gelungenen Zug
aber, der Aubers Talent auszeichnet, möchten wir besonders
den hervorheben, daß er in sehr wirksamer Weise gewissen
Gliedern seiner Sätze eine feine harmonische Wendung zu
geben pflegt, bei welchen die kleine Sexta und übermäßige
Quinta, sowie das Betonen von dissonierenden Durchgangs=
noten eine Hauptrolle spielt. Insbesondere citieren wir
Masaniellos Abschied von seiner Hütte: ‚Ach, werdet ihr
den Armen im neuen Glanz nicht meiden‘, sowie die beiden
Barkarolen des zweiten und vierten Aktes. Man findet hier
ein sinnreiches harmonisches Verfahren und zartere Empfind=
samkeit, als es streng genommen zum Effektmachen nötig ist.
In solchen Einzelheiten erkennt man den Künstler in seinem
Gefühl und Gefühlsausdruck.“

In den Chorus der anerkennenden, zuweilen überschwenglich
lobpreisenden, Stimmen mischten sich freilich auch die Verdikte
einzelner namhafter, ja großer Männer auch in Deutschland.
So war z. B. der Dichterfürst Goethe von der Oper nicht
erbaut. Dieselbe wurde am 12. März 1831 in Weimar
gegeben, und Johann Peter Eckermann, der treue Famulus
des Dichters, berichtet in seinen „Gesprächen mit Goethe“
darüber unter andern wörtlich:

„Montag, den 14. März 1831.
Mit Goethe zu Tisch, mit dem ich mancherlei berede. Ich
muß von der ‚Stummen von Portici‘ erzählen, die vor=
gestern gegeben worden, und es kommt zur Sprache, daß
darin gegründete Motive zu einer Revolution eigentlich
gar nicht zur Anschauung gebracht werden, welches jedoch
den Leuten gefalle, indem nur jeder in die leergelassene

Stelle das hineintrage, was ihm selber in seiner Stadt und in seinem Lande nicht behagen mag. ,Die ganze Oper,' sagt Goethe, ,ist im Grunde eine Satire auf das Volk, denn wenn es den Liebeshandel eines Fischermädchens zur öffentlichen Angelegenheit macht und den Fürsten einen Tyrannen nennt, weil er eine Tyrannin heiratet, so erscheint es doch wohl so absurd und lächerlich als möglich.'"

Goethe hatte ja von seinem Standpunkte aus ganz recht; auch muß zugegeben werden, daß während andere große Opern, wie z. B. Spontinis „Cortez" und Rossinis „Tell", das musikalische Echo denkwürdiger Ereignisse waren, Aubers „Stumme" nur als die Vorbotin der Julirevolution gelten konnte — aber die Wirkung, welche diese Oper ausübte, war doch eine elementare und nichts weniger als eine Satire auf das Volk. Das Volk nahm sie wenigstens ernst, blutig ernst. Der beste Beweis war ja die Thatsache, daß das Theaterpublikum in Brüssel durch die Aufführung der „Stummen" am 25. August 1830 dermaßen erregt wurde, daß es, bis zur besinnungslosen Wut entflammt, in die Straßen Brüssels hinausstürmte, die Volksmassen mit sich fortriß und den Palast des holländischen Justizministers, die Wohnung des Brüsseler Polizeidirektors und die Druckerei des niederländischen Regierungsblattes zerstörte. . . . . Wir kennen kein musikalisches Werk von furchtbarerer Wirkung!

Das Schärfste, was wohl über Auber von einem anderen berühmten Manne gesagt wurde, ist das Verdikt Robert Schumanns, dem Auber und seine Musik überhaupt ein Greuel war. Es heißt in seinem „Theaterbüchlein" (vom 22. Februar 1848):

„Die Oper eines musikalischen Glückskindes. Der Stoff hat sie erhalten. Die Musik gar zu roh, gemütlos, dabei abscheulich instrumentiert. Hier und da funkelnder Geist."

Schumann war bekanntlich in seinen Urteilen zuweilen von entschiedener Subjektivität.

„La fianeée." — „Fra Diavolo." — Große Volkstümlichkeit dieser
Oper. — „Le dieu et la Bayadère." — „La Marquise de Brin-
villiers." — „Le philtre." — „Le serment." — „Gustav III." —
Vergleich mit Verdis: „Il ballo in maschera." — „Lestoque." —
„Le cheval de bronce." — „Actéon." — „Les chaperons blancs." —
„L'ambassadrice." — „Le domino noir."

Elf Monate nach seinem so kühnen und mit so durchschlagen=
dem Erfolg gekrönten Ritt ins alte romantische Land der
großen Oper kehrte Auber, getreu dem Sprichwort: „on
revient toujours à ses premiers amours", aufs neue zur
komischen Oper zurück. Hier fand er die starken Wurzeln
seiner Kraft. Am 10. Januar 1829 wurde zum erstenmale
die Oper: „La fiancée" („Die Braut") gegeben; die=
selbe hatte nichts vom revolutionären Geist der „Stummen",
sie zeichnete sich vielmehr durch ihre leichten und anmutigen,
wenig aufregenden Melodien aus. Diesmal war es das
Théâtre Feydau, wo die Novität in Scene ging. Das
Stück hatte Erfolg, welcher zum nicht geringen Teile den
trefflichen Solisten der genannten Bühne zu verdanken war.
Besonders war es die Trägerin der Titelrolle, Madame
Prodher, welche durch ihre schöne Stimme und ihr tem=
peramentvolles Spiel der Oper zum Siege verhalf. Drei
Monate nach jener Premiere wurde der Komponist an
Gossecs Stelle zum Mitglied der Akademie für die Abtei=
lung der schönen Künste — mit 19 von 30 — gewählt.
Aber nicht mit der „Braut", sondern einer anderen komi=
schen Oper, welche gerade ein Jahr darauf, am 28. Januar
1830, am selben Theater zum erstenmale gegeben wurde,
mit „Fra Diavolo", sollte er wieder den begeisterten Bei=
fall des Publikums, der demjenigen anläßlich der Erstauf=
führung der „Stummen" in nichts nachgab, erzielen. Aufs
neue hat der geniale Maestro hier sein ganzes musikalisch=
schöpferisches Talent zur herrlichsten Entfaltung gebracht.
Unter sämtlichen Nummern der Oper — sagt Gumprecht —

ift keine, die es verfäumte, durch Reiz der Empfindung, Glätte der Gestaltung und beredte Anmut des Ausbruds um unfere Gunft zu werben. Zu einem ganz befonderen Schmud gereichen dem Werke feine Enfemblefätze, wohl die zierlichften, die fich je unter der Hand des Komponiften zu= fammengefügt. Wie eben fo viele fchlanke Tänzerinnen wirbeln die Stimmen einher, einander fuchend und fliehend nedend und herausfordernd, in immer neuem Wechfel zu den mannigfaltigften Gruppen und Figuren fich verfchlingend.

Ganz unglaublich war die Volkstümlichkeit, deren fich die geiftreiche und elegante Oper, namentlich in den erften Jahren ihrer Infcenierung, zu erfreuen hatte. Sie machte in aller Herren Länder volle Häufer, und alle Welt fchwelgte in der Schönheit diefes Werkes, fpeciell den reizenden Solo= fätzen, den weltbekannten Romanzen und den Enfembles. Sie eroberte fich auch die deutfchen Bühnen im Fluge und zwar in einer Überfetzung von Carl Blum (vgl. die fchon erwähnte Ausgabe des „Fra Diavolo" von Carl Friedrich Wittmann, Univ.=Bibl. Nr. 2689, S. 12 ff.). Die Rollen des „Fra Diavolo", der Pamèla und Zerline find für die Sänger und Sängerinnen fo anziehend und lohnend, daß fich „Fra Diavolo" fchon aus diefem Grunde ftets auf dem Repertoire erhalten dürfte.

Man hat in der Preffe und auch im Publikum anfäng= lich vielfach daran Anftoß genommen, daß hier angeblich ein gewöhnlicher Spitzbube, wie Fra Diavolo, verherrlicht werde, aber mit der Zeit haben fich jene Bedenken gemil= dert. „Fra Diavolo" ift im Grunde kein Durchfchnitts= verbrecher von niedriger Gefinnung, er verkörpert vielmehr die italienifche Räuberromantik, wie Mafaniello den revolutionären Geift des italienifchen Volkes. Der köftliche Humor, welcher das Süjet und die Mufik durchweht, ver= leiht dem Ganzen einen eigenen Reiz, und es fehlt auch nicht jenes pikante Element, welches fich, befonders nach der Julirevolution, der Werke Aubers immer mehr und

mehr bemächtigte. Ich verweise nur auf die gewagte Schlaf=
scene der Zerline ...; aber man vergesse nicht, daß Auber,
ebenso wie Rossini, vor allem bestrebt war, seinem Publikum,
den Parisern, zu gefallen. Er war bezüglich der komischen
Oper der Ansicht Voltaires, daß jedes Genre erlaubt sei,
nur nicht das langweilige. Schon damals, lange vor Offen=
bach, kam nach und nach das Pikante, Prickelnde, sagen wir
auch das Frivole, in Mode. Die Mischung und der Kontrast
komischer, sentimentaler und koketter, lustiger Situationen
behagte der jeunesse dorée — ganz abgesehen davon, daß
Auber selbst ein wahrer Grandseigneur des Humors und
der derben Komik war. Dem Franzosen sagte gerade eine
Romantik, wie die des „Fra Diavolo", zu, worin Realismus
und abenteuerlicher Sinn sich in so merkwürdiger Weise ver=
einigt. Man muß immer mit Nachdruck hervorheben, daß
Auber Franzose durch und durch war und nur für Fran=
zosen schrieb; in Deutschland hat man ihn mit zu schwer=
fälliger Gründlichkeit beurteilt. Indem er für seine ver=
gnügungs= und zerstreuungssüchtigen, oberflächlichen Lands=
leute komponierte, erklären sich auch seine auf der Hand
liegenden Licht= und Schattenseiten. Gerade durch sein
nationales Temperament war es ihm möglich, neben
Boieldieu und Herold an der echt nationalen Weiter= und
Ausbildung der komischen Oper der Franzosen den thätigsten
Anteil zu nehmen. Nicht nur „Fra Diavolo", sondern fast
alle seine Opern enthalten Frisches, Prickelndes, Esprit=
volles, und der Umstand, daß seit 1820 keine einzige seiner
Opern eigentliches Fiasko erlitten, beweist deutlich genug,
daß er die Geschmacksrichtung seiner Pariser gründlich stu=
diert hatte. Nur in diesem Sinne ist das boshafte Wort
Heinrich Heines, der sehr ungerecht in seinen Urteilen
war — so erhob er z. B. Meyerbeer bald in den Himmel,
bald schleuderte er ihn in den Orkus hinab —, zu verstehen,
wenn er in seinen „Musikalischen Berichten" aus Paris ein=
mal über Scribe und Auber schreibt: „Dichter und Kom=

ponist passen gut zusammen; sie sind sich auffallend ähnlich
in ihren Vorzügen wie in ihren Mängeln. Beide haben
viel Esprit, viel Grazie, viel Erfindung, sogar Leidenschaft;
dem einen fehlt nur die Poesie, wie dem anderen nur die
Musik fehlt."

Deutsche Musik im Sinne Webers, Beethovens und
Wagners darf man freilich bei Auber nicht suchen. Den
Franzosen genügte es, wenn der deutsche Dichter dem
Komponisten und Librettisten in der „Lutetia" bescheinigte:
„Sie haben den raffinierten Sinn für das Interessante, sie
wissen uns angenehm zu unterhalten, sie entzücken und
blenden uns sogar durch die glänzenden Facetten ihres
Esprits, sie besitzen ein gewisses Filigrantalent der Ver=
knüpfung allerliebster Kleinigkeiten und man vergißt bei
ihnen, daß es eine Poesie giebt. Sie sind eine Art Kunst=
loretten, welche alle Gespenstergeschichten der Vergangen=
heit aus unserer Erinnerung fortlächeln, und mit ihrem
koketten Getändel wie mit Pfauenfedern die summenden Zu=
kunftsgedanken, die unsichtbaren Mücken, von uns abwedeln."

Der Zusammenstellung Carl Friedrich Wittmanns hin=
sichtlich der Verbreitung der Oper in Deutschland ent=
nehme ich die nachstehenden statistischen Daten (Univ.=Bibl.
Nr. 2689, S. 17): Am Berliner Hoftheater gab man
„Fra Diavolo" zum erstenmale am 3. August 1830 und
bis zum 11. April 1890 erlebte die Oper daselbst 177 Auf=
führungen. An der Wiener Hofoper wurde sie am 16. Nov.
1830 zur erstmaligen Aufführung gebracht. Rasch folgte
das Dresdner Hoftheater am 19. November 1830. Die
Hofbühne in München gab sie zum erstenmale am 13. März
1831. Das Stuttgarter Hoftheater führte die Oper am
8. Juni 1831 zum erstenmale auf. Am Hoftheater zu Darm=
stadt kam „Fra Diavolo" zum erstenmale am 24. März
1833 zur Aufführung, und fanden dort von dieser Oper bis
1890 fünfzig Aufführungen statt.

Der glänzende Erfolg der Auberschen Opern bewirkte,

daß in der ganzen gebildeten Welt dieselben die Bühnen beherrschten; in den Blättern jener Zeit, wie z. B. in der verbreiteten, von Theodor Hell redigierten, Dresdner „Abendzeitung", wurden zuweilen über diese dominierende Macht des Auberschen Genres bewegliche Klagen laut, ohne daß jedoch ein derartiges Lamento einen praktischen Erfolg hatte. Solche Stoßseufzer bewiesen nur, daß die „Stumme", „Maurer und Schlosser", „Die Braut", „Fra Diavolo", „Der Schnee" 2c. dem Publikum sehr gefielen und deshalb zum eisernen Bestand des Repertoires gehörten.

Manche diese Opern, wie „Die Braut", welche in Berlin — gelegentlich der Feier des Geburtsfestes des Königs von Preußen und des Kaisers von Rußland — an einem Tage manchmal sogar zweimal, d. h. im Königstädtischen Theater und in der Königlichen Oper, gegeben wurden, zeichneten sich obendrein durch eine geradezu stümperhafte Übersetzung aus. Louis Angely leistete darin namentlich unglaublich Absurdes! In einem Vaudeville Angelys befand sich z. B. der nachstehende Vierzeiler:

> Mein Kind, das Alter ist ein Fluß,
> Der auf unser Feuer sich ergießet,
> Doch unsre Flamme, trotz diesem Guß,
> Unter der Asche glimmt und sprießet —

eine Flamme, die „trotz einem Guß", unter der Asche glimmt und sprießet, ist köstlich!

Im Jahre der Aufführung des „Fra Diavolo" wurde noch eine andere zweiaktige Oper: „Le dieu et la Bayadère" („Der Gott und die Bajadere") — Text von Scribe nach Goethes bekannter Ballade —, und zwar am 13. Okt. 1830, zum erstenmale gegeben, ohne auch nur im Entferntesten den Erfolg des erstgenannten Werkes zu erzielen. „Der Gott und die Bajadere", ein Gemisch von Oper, Ballett und Pantomime, sprach das Publikum nur in geringem Grade an, obschon die Oper manche dankbare Rollen, wie die der Nieka, welche, wie die Dinorah, singt und zugleich tanzt, aufweist.

Scribe hat, wie gesagt, das Libretto nach dem herrlichen Goetheschen Gedicht gleichen Namens gearbeitet, oder besser gesagt, verballhornt, wie später Ch. Gounod Goethes „Faust“ für seine Zwecke mißhandelt hat. Die deutsche Kritik jener Zeit ging mit dem Autor und Komponisten scharf ins Gericht. So schreibt z. B. die „Abendzeitung“, Jahrgang 1830, in einer Korrespondenz aus Paris vom 17. Okt., unter anderen:

„Wie der Stoff verarbeitet worden, dürfte für Deutsche nicht eben lobenswert erscheinen. Was die Komposition betrifft, so ist allerdings eine sichere und geschickte Hand darin nicht zu verkennen, aber sie ist diesmal nicht glücklich gewesen. Vor allen Dingen macht sich eine staunenswerte Monotonie der Manierierung — so möchte ich es nennen — darin bemerklich. Keine großen Gesänge, keine tiefen und mächtigen Accorde, nur kleine, zerhackte, abgerissene, einander abgestoßen forttreibende Phrasen und zwischen ihnen nur dann und wann harmonische, aber auch wieder bizarre und verrenkte, Zusammenstellungen, höchst selten von einem jener anmutigen Motive unterbrochen, deren Geheimnis dieser Tonsetzer sonst so sehr versteht, so daß man glauben sollte, er habe hier nur dem Publiko alle Ideen und musikalischen Überbleibsel darbieten wollen, die er nicht in der „Stummen“ und seinen anderen Partituren anbringen konnte. Eine gewisse mühsame Trockenheit, die überall hervortritt, scheint anzuzeigen, daß ihm diese Arbeit nicht leicht geworden und daß er sie unter einer Art von Absichtlichkeit schrieb, vielleicht bei dieser Gelegenheit seine Manier mit einem frischen Anstriche von Originalität herauszuputzen. „Nur zwei Nummern wurden lebhaft beklatscht; wer weiß aber, ob der Beifall nicht mehr der Dumoreau und Adolph Nourit als dem Tonsetzer galt? Die Bajadere, eine mimische Partie, stellte die Taglioni mit ungemeiner Anmut und Liebenswürdigkeit dar.“

Um zu zeigen, daß die revolutionären Grundsätze auch
bei den Verwaltungsbehörden der Großen Oper, wo das
Stück gegeben wurde, Früchte getragen, hatte man alle Welt
zur Generalprobe zugelassen, während sonst kaum die Mit=
glieder der Bühne, sofern sie nicht in der betreffenden Oper
beschäftigt waren, Zutritt hatten.

Im nächstfolgenden Jahre (1831) debütierte Auber mit
zwei Opern: „La Marquise de Brinvilliers" (so hieß die
berüchtigte Giftmischerin) — Dichtung von Scribe und Castil=
Blaze — und „Le philtre" („Der Liebestrank"); Text von
Scribe. Während die erstere, dreiaktige, komische Oper,
ungeachtet einzelner dramatischer Scenen, nur in ihrem
zweiten Teil gefiel, wurde der zweiaktige „Liebestrank" all=
seitig mit lebhaftem Beifall aufgenommen. „Die Marquise
von Brinvilliers" war übrigens eine Sammelarbeit, indem
mehrere Tonsetzer von Berühmtheit, außer Auber, und
zwar Berton, Boïeldieu, Paer, Cherubini, Herold u. a.,
daran gearbeitet hatten. Und doch waren darin nur zwei
Chöre und eine reizende Romanze von durchschlagender Wir=
kung! Im „Liebestrank" — zum erstenmale am 20. Juni
1831 aufgeführt — zeigt sich aufs neue die Grazie und
Eigenart der Auberschen Musik. Gerühmt wurde von seiten
der Kritik die lebendige Phantasie des Autors, welche fort=
während in einem melodienreichen Meere auftaucht, und der
echte Kantilenengesang. Das Libretto ist sehr unterhaltend,
und in jener Zeit, da die Cholera in Frankreich arg hauste
und allerlei Quacksalber hervorbrachte, mußte namentlich
die komische Figur des Wunderdoktors Fantamoroso, sowie
diejenige der koketten Theresine, des braven und galanten
Sergeanten Joli=Coer und des jungen Bauern Wilhelm
von gewinnendster Wirkung sein.

Am 1. Januar 1832 wurde von Auber die dreiaktige
Oper: „Le serment" („Der Schwur oder die Falschmünzer")
— Dichtung von Scribe und Mazères — gegeben. Man
tadelte, und nicht mit Unrecht, daß er sich diesmal die Kom=

position gar zu leicht und sogar bei seinen früheren Opern Anleihen gemacht habe; in der That sind Anklänge an die „Stumme" und andere seiner Werke unverkennbar. Viel lebhafteres Interesse erweckte die fünfaktige Oper: „Gustav III." („Der Maskenball"), welche an der Großen Oper am 27. Febr. 1833 zum erstenmale gegeben wurde. Die blutige Katastrophe aus der schwedischen Königsgeschichte — die Ermordung Gustavs III. durch Anckarström auf der Maskerade in Stockholm in der Nacht vom 16. auf den 17. März 1792 — reizte begreiflicherweise den Komponisten wie den Dichter, doch fehlt leider beiden der heroische und tragische Zug. Die Musik ist Salonmusik, und nur die Soubrettengestalt des „Pagen" ist individuell gefärbt, während der König, die Verschworenen und die Gräfin lediglich Theatermasken sind.

Bekanntlich wurde zwanzig Jahre später dasselbe Libretto von Verdi wieder aufgegriffen, und man muß anerkennen, daß der Italiener der tragischen Grundstimmung des Stoffes besser gerecht geworden, wie sein französischer Vorgänger, wie sehr auch dieser durch technisches Geschick und feine künstlerische Sitte jenem überlegen ist.

Gewiß hätte Auber auch durch diese seine zweite heroische Oper einen außerordentlichen Erfolg erzielen können, wäre er nicht durch kontraktliche Verpflichtungen gezwungen gewesen, dieselbe in aller Hast und Schnelligkeit zu stande zu bringen. Seine Flüchtigkeit und Vielschreiberei mußte sich schließlich an seinem Genius rächen. Trotz alledem wurde die Oper jahrzehntelang an allen Bühnen gegeben, und die vereinzelten gelungenen Momente trugen wesentlich dazu bei, dieselbe so lange auf dem Repertoire zu erhalten. Selbst nach Verdis mit so vielem Beifall aufgenommenen, ungleich wirksameren Werke wurde sie noch hier und da wiederholt. So z. B. an der Wiener Kaiserlichen Hofoper 1877, wo sie unter dem Titel: „Die Ballnacht" gegeben wurde. Dieser Umstand veranlaßte damals Eduard Hanslick, sonst ein entschiedener und begeisterter Verehrer Aubers, gegen die Neueinstudierung zu protestieren. Er that dies mit den

nachſtehenden treffenden Bemerkungen*): „Ungleich manchen
friſch gebliebenen und noch lange friſch bleibenden Opern
Aubers erzielt gerade ſeine „Ballnacht" heute keine Wirkung
mehr. Die Erfolgloſigkeit dieſer Mühe war leicht voraus=
zuſehen. Dies liegt zum Teil in der Schwäche und Leer=
heit der Muſik ſelbſt, alſo an inneren Gründen, zum Teil in
der hinzugetretenen Konkurrenz des Verdiſchen „Maskenballs."
Als die Proben von „Guſtav" begannen, hatte Auber kaum
die zwei erſten Akte komponiert. Vom Dezember bis Fe=
bruar mußte er die ganze Oper vollenden und inſtruieren,
inmitten der über Hals und Kopf betriebenen Theaterproben.
Er verbrachte den ganzen Tag im Theater und arbeitete die
Nächte durch. Für die große Oper war eigentlich weder
Aubers Partitur noch Scribes Libretto das Ziel ſo begei=
ſterter Anſtrengungen, ſondern die Scenierung des großen
Maskenballetts im fünften Akt. Dieſes Ballett verpflanzte
den Glanz und den Sturm der berühmten Pariſer Opern=
bälle auf die Bühne ſelbſt und begründete den großen Er=
folg der Oper. . . . Bei der Aufführung in Wien ließ mich
die Muſik vollſtändig kalt. Als Verdi auf dasſelbe Libretto:
„Il ballo in maschera" komponierte, und dieſer in Wien
erſt italieniſch, dann deutſch zur Aufführung kam, fand ich
ihn zwar in den leidenſchaftlichen Scenen und dramatiſchen
Effekten der „Ballnacht" überlegen, erklärte es aber trotz=
dem für bedauerlich, wenn Aubers Werke verdrängt würden
durch Verdi. Heute empfinde ich nichts mehr von ſolchem
Bedauern. Aus Aubers „Ballnacht" kommend, weiß ich
beſſer als je, daß Aubers Oper nicht bloß mit dem Reize des
Neuen über das Alte, ſondern auch mit dem guten Rechte
des Stärkeren über das Schwächere geſiegt hat. In Verdis
„Ballo" lebt eine reichere muſikaliſche Erfindung, eine in=
tenſivere dramatiſche Gewalt, eine glühendere Leidenſchaft.
Manches iſt darin roher wie bei Auber, alles aber größer

*) In der „N. Fr. P."; ſpäter abgedruckt in: „Aus dem Opern=
leben der Gegenwart."

und bedeutender. Der erste Akt — bei Verdi nicht viel
wert — ist bei Auber von geradezu erschreckender Leerheit.
Wie tief steht nicht des Herzogs Entree=Arie bei Auber
unter der ersten Romanze bei Verdi! Der zweite und dritte
Akt ist bei Verdi ohne allen Vergleich kräftiger, musikalisch
reicher und dramatisch=lebendiger wie bei Auber. Nur im
vierten Akt (Terzett der Verschworenen) möchte ich der Kom=
position Aubers den Vorzug geben. Hier siegt die Einfach=
heit des Franzosen über das triviale Harfen= und Posaunen=
pathos des Italieners. Einige flotte Melodien in der „Ball=
nacht" („Alte Sybille" u. dgl.) begrüßten wir als gute, alte
Bekannte, fanden sie aber sehr alt geworden. Für die
leichte, tändelnde Grazie solcher Musik sind fünfzig Jahre
eine beträchtliche Zeit. Die Achtung vor Auber, den ich
liebe, möchte ich selbst zum Scheine nicht verletzen: es galt
hier Oper gegen Oper, Ballnacht gegen Ballnacht abzu=
wägen, nicht die Tondichter selbst gegeneinander. Und selbst
diese eine Oper, die den Erfolg für sich hat, Verdis „Masken=
ball", hat eben auch das Glück, fünfundzwanzig Jahre jünger
zu sein als ihre französische Rivalin. Sie ist heute die
bessere Oper, im Jahre 1833 ist sie es noch nicht gewesen
und im 20. Jahrhundert wird sie es wahrscheinlich nicht
mehr sein neben einer neuen dritten; Verdis „Maskenball"
hatte hier wie anderwärts die halbvergessene „Ballnacht"
von Auber vollständig verdrängt. Daß man jetzt den Stil
umkehrte und eine gewaltsame Restauration vornehmen will,
d. h. die effektvollere, modernere Oper durch die abgesetzte,
ältere wieder vernichten möchte, ist dramaturgischer Unsinn.
Vor dieser Ausgrabung konnte die „Ballnacht" wenigstens
noch in unseren rosigen Jugenderinnerungen leben; jetzt ist
sie erst recht verloren. Die „Maskengaloppade" wird sie
nicht retten, und der neue, pikante Reiz der Hoftracht Lud=
wigs XIV. ebensowenig. Man spielt nämlich jetzt die „Ball=
nacht" in diesem Kostüme: gepudert, mit Haarbeutel und
Degen. Für jedes tragische oder heroische Drama ist dieses

Kostüm ein Unglück, zu vermeiden, wo wir dies nur vermögen."

Es soll noch hervorgehoben werden, daß, wie Dr. Louis Véron, der berühmte ehemalige Pariser Operndirektor, erzählt, das Scribesche Textbuch zur „Ballnacht" ursprünglich Rossini zugedacht war, und erst, als dieser sich weigerte, eine Oper zu komponieren, habe Auber dasselbe erhalten. Schon bei der Premiere hat das Kostüm dem Eindruck des Werkes in Paris geschadet. „Gepuderte Schauspieler", sagt Véron, „fühlen sich immer geniert, leidenschaftliche Gefühle auszusprechen. Die Zierlichkeiten und Koketterien jener Epoche passen nicht mehr für das Lustspiel. Mademoiselle Mars, die berühmte Tragödin, bestätigte dies. Sie wollte keine dramatische Rolle mehr mit gepudertem Haar spielen, weil jede heftige Bewegung Lachen erregen kann, indem sie eine Wolke von Puder hervorbringt." Köstlich ist, was Hanslick bei diesem Falle erzählt. Anläßlich der Wiener Aufführung wurden die geschichtlichen Namen: „Gustav III." und „Anckarström" durch „Olaf" und „Rauterholm" ersetzt!

Mit bewunderungswürdiger Ausdauer und Fruchtbarkeit schuf der Meister immer von neuem, und es verging kein Jahr, in welchem von ihm keine Novität aufgeführt worden wäre, ja, in manchem Jahre, wie 1836, wurden sogar drei Opern dieses merkwürdigen Geistes gegeben. Er komponierte beständig: in seiner Wohnung sowohl wie auf der Straße, und wenn er die Boulevards entlang schlenderte, wunderten sich die Passanten, welche Auber nicht kannten, nicht wenig über den Mann, der jeden Augenblick stehen blieb und sich Notizen machte: die musikalischen Motive, welche ihm einfielen und die er sofort zu Papier zu bringen pflegte. Ein leidenschaftlicher Sportsman und Reiter, wie man weiß, galoppierte er tagtäglich und — komponierte dabei. Auf diese Weise hatte er „Fra Diavolo", „Die Stumme von Portici" und noch andere Werke ersonnen. Die Bewegung seines Körpers lockte die Funken seines Geistes

hervor, und so entstanden Quartette, Kavatinen, ja ganze
Opern während des ungestümen Reitens. Es kursierten
über ihn in dieser Beziehung zahlreiche Anekdoten, von denen
ich nur die nachstehende erzählen möchte: Der Markt „des
Innocens" in Paris wimmelt jeden Morgen von Menschen.
Eines Tages trieb ein Reiter, trotz der Gegenvorstellungen
der Polizeidiener, sein Pferd mitten in diesen Tumult. Unmöglich läßt sich das Charivari beschreiben, das diesem kühnen
Reiter folgte: Fischweiber, Obsthändler, Polizeidiener —
alles schrie durcheinander. Mitten in dem Lärm entschlüpfte
aber der Reiter glücklich und zufrieden — Auber hatte den
Marktchor in der „Stummen von Portici" gefunden.

Am 24. Mai 1834 wurde von ihm die vieraktige Oper
„Lestocq" — Text von Scribe — gegeben, die gleichfalls historischen Hintergrund hat, denn die Oper beschäftigt
sich mit Joh. Hermann Lestocq, dem bekannten Günstling der
Zarin Elisabeth, welche durch ihn auf den russischen Thron
gelangte, aber schließlich gestürzt wurde. Richard Wagner
schätzte diese Oper sehr, welche er zur Zeit als er Kapell-
meister in Magdeburg war (1834), sofort nach ihrer Pariser
Premiere, zur Aufführung brachte. Mit besonderem Behagen
erzählte davon Richard Wagner dem greisen Meister noch
im Jahre 1860 im Café Tortoni beim Gefrornen, daß er
sich die größte Mühe gegeben, diese „in ihrer Art wirklich
wunderhübsche Oper" glänzend zu inscenieren. Namentlich
habe er es darauf abgesehen, alles, was darin den Geist
der „Stummen" zurückrufen konnte, zur rechten Wirkung
zu bringen: deshalb habe er auch durch eine kräftige Anzahl
von Militärsängern das russische Bataillon, welches auf der
Scene zur Unterstützung einer Revolution verwendet worden
sei, zu einer ansehnlichen, namentlich den Theaterdirektor er-
schreckenden, Masse vereinigt; der erzielte Effekt sei ein ganz
gewaltiger gewesen. In seinen „Erinnerungen an Auber"
giebt Wagner seinem lebhaften Bedauern Ausdruck, daß die
Oper, „neben den immer stärker grassierenden Plattitüben

und Grotesken Adams und Genossen, sich auf dem Repertoire nicht erhalten habe. Er fragte den Maestro, wie es komme, daß Lestocq sich in Paris nicht habe einbürgern können, worauf Auber erwiderte: „Que voulez-vous? C'est le genre!" Besondere Glanzpunkte dieser Oper voll großer dramatischer Kraft sind das Finale und Duett im ersten und das Terzett im dritten Akt.

Am 23. März 1835 ging die dreiaktige Oper „Le cheval de bronce" („Das eherne Pferd") in Scene, und ein Jahr darauf schuf der Meister, wie schon erwähnt, nicht weniger als drei Opern: am 23. Januar 1836 wurde die einaktige Oper „Actéon", am 3. April desj. J. der Dreiakter „Les chaperons blancs" („Die Weißmützen") und am 30. Dez. desj. J. der Dreiakter „L'ambassadrice" („Die Botschafterin") — zu allen diesen Werken hat Scribe den Text geschrieben — aufgeführt. Die letztere Oper machte besonders in Deutschland großes Aufsehen, da das Publikum in der „Botschafterin" die berühmte Primadonna Henriette Sontag, welche bekanntlich mit dem sardinischen Gesandten Grafen Rossi verheiratet war, porträtiert glaubte. In Paris creierte die Rolle Madame Damoreau und diese erzielte durch ihre schöne Stimme, ihre Grazie und entzückendes Spiel große Erfolge. Die Künstlerin war eine der berufensten Vertreterinnen der weiblichen Rollen Aubers.

Einen vollen, großen Erfolg, welcher an denjenigen der „Stummen" und des „Fra Diavolo" erinnert, sollte der auf der Höhe seines Schaffens und Lebens stehende Auber am 4. Dez. 1837 erzielen, als die dreiaktige komische Oper: „Le domino noir" („Der schwarze Domino") — das Libretto hat Scribe verfaßt — zum erstenmale gegeben wurde. Dieses köstliche und unverwüstliche Werk des Humors mit seinen wie Champagnerschaum sprudelnden und prickelnden, wenn auch pikanten, zuweilen lasciven Weisen, machte seinen Rundgang durch alle Bühnen der Welt und legte aufs neue von der frischer Genialität und bewunderungs-

würdigen geistigen Schnellkraft des Meisters rühmliches
Zeugnis ab. Wahrhaft erquickend ist die Originalität und
Grazie dieser Musik, welche den Komponisten noch einmal
im vollen Glanze seiner interessanten nationalen Eigenart zeigt.
Sein unermüdlicher großer Widersacher, Robert Schumann,
ließ trotz alledem auch am „Schwarzen Domino" kein gutes
Haar. Als die Oper 1838 in Leipzig gegeben wurde, that
er sie mit nachstehenden wegwerfenden Worten ab*): „Aubers
‚Domino noir' ist so gut wie durchgefallen. Mit Vergnügen
berichten wir's und zur Ehre unseres Publikums. Die
Musik ist die schwächste, die Auber wohl je gemacht; nur
einzelnes, wie die komische Arie des Kastellan im zweiten Akt,
ist amüsanter. Die Handlung selbst ist gemeine Dutzend-
arbeit und obendrein lasciv ohnegleichen. Gewiß muß man
es unserem Direktor Dank wissen, daß er uns schnell das
Neueste vorführt, anderseits aber auch bedauern, wie so viel
Zeit und Mühe so vieler Menschen an solch Zeug verwendet
wird. Auber macht nicht viel Umstände mit der Kunst und
dem Publikum; wir haben ebenfalls keine Zeit, zu wählen."
Freilich kommen auch andere Vertreter der französisch-
italienischen Schule bei Schumann ebenso schlecht weg wie
Auber. So nennt er z. B. Halevys „Jüdin" geistloser als
die Musik Aubers und unendlich weniger melodiös als die
Bellinis.

Auber verließ leider allmählich den volkstümlichen Standpunkt, welcher die starken Wurzeln seiner Kraft bildete, und
wenn auch in den zahlreichen Opern, welche er noch in den
folgenden drei Jahrzehnten schuf, noch manches Herrliche und
Unvergängliche lebt, so werden doch seine Leistungen im allgemeinen immer minderwertiger. Einzelne Werke sind zwar zuweilen vollendeter, abgerundeter und bedachter, dafür aber auch
schablonenhafter und konventioneller. Der Charakter seiner
Musik wiederholt sich und hat etwas Monotones. Absolut

---

*) Robert Schumanns ges. Werke, Bd. 2, S. 531.

wertlos ist freilich keines seiner Werke: in den Schlacken seines
Geistes findet sich so mancher Goldbarren, wenn auch das
Bestreben des Komponisten nach Gewinn und äußerem
Effekt auf Kosten der Wahrheit schmerzhaft genug berührt.
Gleich Meyerbeer und Rossini verschmähte er es auch nicht,
zu allerlei Gauklerkunststückchen und Spiegelfechtereien seine
Zuflucht zu nehmen, wenn er nur dadurch sein Publikum
überraschen, verblüffen und — belustigen konnte. Leider
hatte er, je älter er wurde, ein immer schlechteres Gedächtnis
für die musikalische Keuschheit des jüngeren Auber, und so
sehen wir, daß er mit Behagen die pikantesten Reizmittel
anwendet, um à tout prix zu siegen. Jeder Laune des
Publikums leihte er willig sein Ohr und nur noch selten
hatte er sittliche Kraft genug, um seine künstlerische Rein=
heit und Individualität zur Geltung zu bringen. Daher
kommt es, daß die Musik erschreckende Gemütsarmut zeigt,
und nicht mit Unrecht mußte er den Vorwurf hören, daß
seine Opern lediglich eine Sammlung von Quadrillen seien.
Als der musikalische Ausdruck des Pariser Salons freilich
hat die Aubersche Oper auch in ihrem Niedergang einen
typischen, kulturgeschichtlichen Wert. Sie birgt — um mit
Gumprecht zu reden — in durchsichtiger Maske als ihren
wahren Kern den Pariser Salon. Die Gesellschaft, die uns
hier umgiebt, schwebt gleich den Göttern über der Erde.
In der Welt erblickt sie einen großen Ballsaal, im Leben
eine ununterbrochene Kette von Festen, allein von der eigenen
Laune empfängt sie das Maß der Menschen und Dinge.
Wie sie von Haus aus dem Kampf ums Dasein entrückt
ist, so hat sie von sich gethan alle Schwere des Denkens,
Leidenschaftlichkeit des Empfindens und gesammelte Kraft
des Wollens. Ein einziges Gesetz, vielleicht das unduld=
samste von allen, gilt ihr indessen als heilig und unverletz=
lich: das der Anmut. Von jeder Seite umschließen uns
seine zierlichen, blumenumwundenen, aber darum nicht min=
der engen und festen Schranken. Es allein gewährt noch

einigen Ersatz für den Mangel des gediegenen Inhalts, drückt diesen Gebilden sein aristokratisches Gepräge auf und mildert selbst die Frivolität, die stets aus ihnen hervorlauscht. Den Einfluß, welchen die politischen Umwälzungen der Julirevolution auf die Geschmacksrichtung und die Sittlichkeit der Gesellschaft ausübten, brauchen wir nicht erst zu schildern. Zu einer Zeit, wo die krassen Dramen und Romane Viktor Hugos, Alexander Dumas und Eugen Sues die Welt beherrschten, mußte auch der Humor der komischen Oper lasciv werden, weil der Gesprächston des Publikums gleichfalls ein frivoler geworden. Die Musik ist nicht mehr ausschließlich elegant und melodienreich, sondern pikant, in scharfen Rhythmen sich bewegend, in der Instrumentation und Harmonisation ebenfalls prickelnd, zugespitzt, wenn auch immer mit großem Geschick gemacht*).

Aus dieser Zeit der Décadance stammen so manche absprechende Urteile einiger unserer deutschen Tonheroen, wie z. B. Robert Schumanns, der Auber, wie man weiß, überhaupt haßte und ihn oft mit einer geringschätzigen Zeile abthut. So sagt er in der Besprechung von W. Tauberts: „Konzert mit Begleitung des Orchesters"**): „Wir wissen alle, Diamanten stehen höher im Wert als z. B. Bänder, eine tüchtige Komposition höher als z. B. eine von Auber." Auch an anderen Stellen in seinen Schriften giebt Schumann seinem Groll gegen Auber scharfen, zuweilen satirischen Ausdruck. So schreibt er z. B. in dem Aufsatz: „Variationen für Pianoforte"***): „Ein bekannter deutscher Komponist antwortete einmal auf die Frage, wie ihm eine neue Oper von Auber gefalle, die gerade in Paris gegeben wurde: ‚Die Taglioni tanzt wunderhübsch'. „Auberisch" und „Straußisch"

---

*) Vgl. hierüber: „Aus allen Tonarten, von Heinrich Ehrlich", S. 249 ff.
**) „Sämtliche Schriften über Musik und Musiker von Robert Schumann", herausgegeben von Dr. H. Simon. 1. Bd. (Univ.-Bibl. Nr. 2472, 2473), S. 177.
***) Robert Schumanns ges. Schriften, 2. Bd., S. 31.

nennt er in einem Atem*), er spricht von dem Lärm**), den
Aubers und Meyerbeers Musik macht und dergleichen mehr.
Sein Urteil über die „Stumme von Portici" haben wir
bereits oben mitgeteilt.

Doch die edelsten Werke des jüngeren Auber bleiben
unvergeßlich und werden immer ihren Wert behalten, wenn
die Arbeiten seiner letzten Periode schon längst nur noch
wie ein „Märchen aus alten Zeiten" klingen werden. Auch
auf jene paßt das Wort Emanuel Geibels:

> „Mag die Welt vom Einfach-Schönen
> Sich für kurze Zeit entwöhnen,
> Nimmer trägt sie's auf die Dauer,
> Schnöder Unnatur zu fröhnen,
> Von den Taumelfesten treibt sie's
> Anspruchsvoller Trugcamönen
> Rückwärts zu dem heil'gen Gipfel,
> Den die echten Lorbeern krönen.

„Marguerite de Gand"; „Le lac des fées"; „Zanetta"; „Les
diamants de la couronne"; „Le duc d'Olonne"; „Le parte du
diable"; „La sirène"; „La barcarolle"; „Haydée"; „L'enfant
prodigue"; „Zerline"; „Marco Spada"; „Jenny Bell"; „Manon
Lescaut"; „Magenta"; „La Circassienne"; „La fiancée du Roi de
Garbe"; „Le premier jour d'amour"; „Rêves d'amour." — Aubers
musikalische Bedeutung. — Ein Urteil Richard Wagners noch einmal. — Mendelssohn-Bartholdys Verdikt. — Schlußwort.

Mit vollen Händen spendete Auber der Gaben Fülle.
Ich nenne hier, gleichfalls in chronologischer Reihenfolge, noch
die nachstehenden Opern: „Marguerite de Gand" („Mar-
garete von Gent"), 1838; die fünfaktige Oper „Le lac de
fées" („Der Feensee") — Dichtung von Scribe und Mélesville —, seine dritte „große" Oper, zum erstenmale aufgeführt
am 1. April 1839; den Dreiakter „Zanetta", — Text von

Scribe und Sainte-Georges —, im Mai 1840; den Drei=
akter „Les diamants de la couronne" („Die Kronbiaman=
ten"), von denselben Librettisten, am 6. März 1841; den
Dreiakter „Le duc d'Olonne" („Der Herzog von Olonne")
— Dichtung von Scribe und Saintine —, am 4. Febr.
1842; den Dreiakter „Le parte du diable" („Des Teufels
Anteil") — Text von Scribe —, am 16. Jan. 1843; den
Dreiakter „La sirène" (die Sirene, Dichtung von Scribe),
am 26. März 1844; den Dreiakter „La barcarolle", (die
Barkarole, von denselben Librettisten), am 22. April 1845;
den Dreiakter „Haydée", Text von Scribe, am 28. Dez.
1847; den Fünfakter „L'enfant prodigue" („Der verlorene
Sohn"), Dichtung von Scribe, seine vierte „große" Oper,
am 12. Dez. 1850; den Dreiakter „Zerline" („Das Orangen=
körbchen") — Libretto von Scribe —, am 15. Mai 1851;
den Dreiakter „Marco Spada" — Text vom Genannten —,
am 23. Dez. 1852; den Dreiakter „Jenny Bell", gleichfalls
von Scribe, am 2. Juni 1855; den Dreiakter „Manon
Lescaut", ebenfalls vom genannten Librettisten, am 23. Fe=
bruar 1856; „Magenta", Festkantate, am 6. Juni 1859;
den Dreiakter „La Circassienne" — mit Scribeschen
Texte —, am 2. Febr. 1861; den Dreiakter „La fiancée
du Roi de Garbe" („Die Braut des Königs von Garbe"),
Dichtung von Scribe, am 11. Jan. 1864; den Dreiakter
„Le premier jour d'amour" („Der erste Glückstag"), Dich=
tung von d'Ennery und Cormon, am 15. Febr. 1868, und
„Rêves d'amour" („Liebesträume"), von denselben Text=
dichtern, am 20. Dez. 1869.

Den hervorragendsten, bekanntesten und interessantesten
dieser Tonwerke sei hier noch ein Wort der Beachtung gewidmet.

Seinen Sängern und Sängerinnen, welche die dank=
baren Rollen mit großer Hingabe sangen und spielten, ver=
dankte Auber einen großen Teil seiner Erfolge; „Der Feen=
see", diese „große" Oper, welche in der „grand opéra"
gegeben wurde, gefiel nur mäßig, und selbst der „Ach=

tungserfolg" kam hauptsächlich auf das Konto seiner bei=
den Sängerinnen Madame Stolz, welche ein Jahr darauf
die Titelrolle der „Favoritin" von Donizetti creirte, und
der Madame Nau. In Berlin wurde „Der Feensee" zum
erstenmale am 8. Febr. 1840 zur Huldigungsfeier Friedrich
Wilhelms IV. gegeben und blieb ein Lieblingsstück des
musikalischen Repertoirs, bis bei dem Brande des Opern=
hauses — am 18. Aug. 1843 — die dazu gehörigen De=
korationen in Flammen aufgingen, und dadurch die ferneren
Wiederholungen unmöglich gemacht wurden. Die Aus=
stattung, von der Hand des königl. Dekorationsmalers
Gropius, war glänzend.

Bei der Nennung des Namens der Madame Stolz,
welche in vielen Opern Aubers, Halevys und Meyerbeers
mitwirkte und als Sängerin das Genre verkörperte, dessen
Heldin in Victor Hugos und Alex. Dumas Dramen Madame
Dorval war, sei hier kurz die Charakteristik derselben, wie
sie uns Franz Liszt giebt, wiedergegeben, um so mehr, da
diese Künstlerin gleichsam typisch geworden ist: Sie mußte
immer eine große Effektpartie haben, in welcher sie abwech=
selnd weinen und seufzen und so nach Herzenslust lieben und
beben konnte. Sie brauchte ein schreiendes Durcheinander
von Verzweiflung und Händeringen, von Erröten und Er=
blassen, von Fluch und Segen. Denn nur in Augenblicken
stürmischer Gefühlsausbrüche kam ihre Schönheit zur vollen
Geltung, und in ihnen wirkte sie hinreißend und bezaubernd.
In den großen Momenten ihrer Rollen absorbierte sie alle
Aufmerksamkeit auf das vollständigste; ihre leidenschaftliche
Glut entflammte die Herzen der Zuschauer, und flehte sie
um Gnade und Verzeihung, dann war sie unwiderstehlich!

Die Kritik verhielt sich gleichfalls gegen den Dreiakter im
allgemeinen ablehnend, indem sie hervorhob, daß die Musik
Ermüdung verrate, auch warnte sie den Autor vor weiterer
sorgloser Arbeit, da sie sich bei einem anderen Anlaß nicht
so friedliebend zeigen wolle. Die Kritik hatte nicht ganz

unrecht, da „Der Feensee", diese „große" Oper, nur ein ödes
Prunk- und Ausstattungsstück ist, in welchem die Musik
bloß als Begleiterin des Balletts figuriert.

Doch hat Auber die Scharte durch „Die Kronbiamanten" glänzend ausgewetzt und die Presse war diesmal des
Lobes voll, und er erhielt zahlreiche Auszeichnungen; auch
wurde er im Februar 1842 an Stelle seines kurz vorher
gestorbenen Lehrers Luigi Cherubini zum Direktor des
Konservatoriums in Paris ernannt.

„Die Kronbiamanten", oder doch wenigstens die Marsch-
fanfare, welche er später in die Ouvertüre und den dritten
Akt der Oper verflochten hat, soll er in Compiègne geschrieben haben, wo er 1840 als Gast des Herzogs von Orleans
weilte. Für Militärfeste hatte Auber von jeher besondere
Vorliebe gehabt.

„Der Herzog von Olonne" wurde gerade in dem Monat
aufgeführt, in welchem Luigi Cherubini und der ausgezeichnete
Musikschriftsteller Henry Beyle — besser bekannt unter
seinem Pseudonym Frédéric de Stendhal — starben. Einstimmig wurde der Komponist als der geeignetste und
würdigste Nachfolger des Schöpfers des „Wasserträger" erklärt, welcher volle zwanzig Jahre hindurch an der Spitze
des Konservatoriums gestanden hatte. Auber hat dieses
Amt mit unermüdlichem Eifer volle achtundzwanzig Jahre,
bis zu seinem Tode, versehen; noch im hohen Greisenalter
präsidierte er bei jeder Prüfung oder Preisverteilung;
ebenso lag er auch mit mustergültiger Pflichttreue seiner
Stellung als kaiserlicher Hofkapellmeister, zu welchem ihn
Napoleon III. im Jahre 1857 ernannte, ob, ohne daß durch
diese Beschäftigung die bewunderungswürdige geistige und
körperliche Spannkraft Aubers je gelitten hätte. 1847
wurde er auch zum Kommandeur der französischen Ehrenlegion befördert.

Als Direktor des Konservatoriums begünstigte er nicht,
wie sein Vorgänger, den italienischen Gesang, sondern er

zeigte sich auch darin als Vollblut=Franzose, daß er mit
Vorliebe den französischen Text an Stelle des deutschen
pflegte. Interessant ist in dieser Beziehung, was die be=
rühmte Gesangslehrerin Mathilde Marchesi in ihren
Memoiren*) erzählt. Sie sollte 1861 als Lehrerin am
Pariser Konservatorium angestellt werden, zu welchem Be=
hufe sie eine Besprechung mit Auber hatte: „An einem
trüben und regnerischen Herbstmorgen — es war noch nicht
acht Uhr — ging ich mit meinem Manne in die Rue St.
Georges 24 zu dem weltberühmten Komponisten. Ein alter
Diener öffnete uns die Thür und führte uns kalt und
schweigsam zu seinem Herrn, den wir, eine Tasse in seiner
Hand haltend, vor seinem Kamin stehend fanden. Unsere
Besprechung hatte kein günstiges Resultat. Auber verlangte
von mir, daß ich die in dem Konservatorium eingeführte
Gesangsmethode annehmen und auch nie mit italienischem
Texte singen lassen sollte. Diese Bedingung zu erfüllen,
schien mir unmöglich. Ich hatte durch meine eigene Methode
bereits bedeutende Resultate erzielt, und da die französische
Sprache, ihrer offenen Vokale und ihrer Nasenlaute halber,
der Ausbildung der Stimme nicht nur schädlich, sondern
gerade entgegen ist, so konnte ich meine künstlerische Über=
zeugung einer wenn auch noch so wünschenswerten und
ehrenden Stellung nicht zum Opfer bringen. Ich erklärte
das dem über meine Offenheit etwas betroffenen Auber ge=
rade heraus, dankte ihm für den freundlichen und wohl=
wollenden Empfang und verließ das Zimmer."

„Carlo Broschi oder des Teufels Anteil" und „Der
verlorene Sohn" ernteten lebhaften Beifall und sie haben
sich ja bis zum heutigen Tage auf dem Repertoire erhalten.
In der letzteren Oper war es besonders der berühmte
Tenorist Gustav Roger, welcher, seit 1848 an der Großen
Oper engagiert, durch seine großartige Stimme und sein

---

*) „Aus meinem Leben", S. 99 ff.

hinreißendes Spiel eine tiefgehende Wirkung erzielte. Die
Musik von „Teufels Anteil" ist nicht gleichwertig. Die
beiden ersten Akte enthalten reizende Nummern, z. B. diejenigen des Carlo, der in dem Stücke die Rolle des Für-
sprechers spielt, und die beiden Finales, der dritte Akt hingegen ist schwach und entbehrt des Interesses.

In der Oper „Zerline" glänzte die ausgezeichnete italienische Altistin Maria Alboni; nachdem sie schon 1847
neben Jenny Lind Aufsehen erregt hatte, verschaffte sie sich
durch die virtuose Wiedergabe der Titelrolle in der genannten Oper einen berühmten Namen. Einen solchen
Kontraalt, wie diese Künstlerin besaß, hatte die Welt bisher
noch nicht gehört.

Einige Monate vor der Erstaufführung von „Zerline"
war die Tochter des berühmten Sängers an der Großen
Oper zu Paris, Duprez, zum erstenmale in Italien als
Lucie aufgetreten. Sie war kaum achtzehn Jahre alt, und
ihr sicheres und gediegenes Gesangstalent erzielte, trotz der
kleinen Stimme, große Wirkungen. Nach Beendigung des
italienischen Feldzuges wurde sie für die Komische Oper engagiert, und Auber schrieb für die Debütantin „Marco
Spada". Carlonia Duprez, welche die Rolle der Tochter
dieses Bandenchefs gab, sang eine viersprachige Arie: fran-
zösisch, englisch, italienisch und — russisch!

Nicht minder gefiel auch „Manon Lescaut." Der dritte
Akt gehört in der That zu dem schönsten und melodien-
reichsten, was Auber geschrieben. Die Primadonna Madame
Cabal, der auch Meyerbeer so viel zu verdanken hatte,
sang und spielte mit hinreißender Verve. Ebenso war der
Baritonist der Großen Oper, Jean Baptist Faure, von
fesselndster Wirkung. Im Jahre 1857 wurde diese Oper
zu einem großen Ballett erweitert. Die Musik war eine
internationale, d. h. den Partituren aller Komponisten ent-
lehnt.

Wie in „Fra Diavolo", so hat Auber auch in „Marco

Spada" das neue Genre der komischen Räuberromantik in die musikalische Welt eingeführt. Unter allen den Helden der Abruzzen, welche bei den Nachfolgern Aubers eine musikalisch-dramatische Rolle spielen, ist niemand so verführerisch gezeichnet wie „Fra Diavolo", von welchem einst der Kritiker De Rovray (Fiorlatino) im „Moniteur universel" (10. Jan. 1858) bemerkte: „Er ist ein gar zu liebenswürdiger Bandit!" Die Berührungspunkte zwischen Herolds „Zampa" und „Fra Diavolo" sind unverkennbar*).

Solche Figuren wie „Fra Diavolo", „Marco Spada" u. a. erfreuten sich am Ende des verflossenen und in den ersten Jahrzehnten unseres Jahrhunderts auch in Deutschland — traurig, aber wahr! — lebhafter Sympathien, wie dies am besten die zahlreichen Auflagen beweisen, welche Werke erlebten, wie „Rinaldo Rinaldini", dessen Verfasser kein Geringerer war wie Bulpius, der Schwager Goethes.

Das letzte Kind des fruchtbaren Bundes zwischen Scribe und Auber war „La Circassienne"; bald darauf, am 20. Febr. 1861, starb der genialste Librettist, den Frankreich je besessen und ohne dessen Mitwirkung Auber wohl schwerlich ein so erfolgreicher Komponist, wenigstens nicht für das Theater, geworden wäre. Schwer lastete dieser Schicksalsschlag auf ihm, aber er ließ sich deshalb nicht entmutigen, sondern entfaltete nach wie vor eine kaum begreifliche Fruchtbarkeit. Der Februarrevolution gegenüber nahm er keinen musikalischen Standpunkt ein; den Kaiser Louis Napoleon dagegen begrüßte er mit einem „premier jour de bonheur", und noch 1869, als siebenundachtzigjähriger Greis, hatte er die Freude, zum letztenmale ein Werk von sich auf den Brettern der Komischen Oper zu erblicken — „Die Liebesträume."

Aber noch immer hörte er nicht auf, produktiv zu sein:

---

*) Vgl.: „L'œuvre d'Auber" von Jules Carlez 1874, neben Jouvins Schrift wohl die einzige in französischer Sprache, die, allerdings auch nur flüchtig, sich mit den Werken Aubers befaßt.

er schrieb Streichquartette, besser gesagt, Phantasiestücke für
Streichquartett, bis ihm fünf bis sechs Tage vor seinem
Tode die Feder buchstäblich aus der Hand fiel. Selbst seine
letzten Arbeiten, wie „Die Braut des Königs von Garbe",
„Der erste Glückstag" und „Liebesträume", zeichnen sich noch
durch eine Fülle reizender, anmutiger Einzelheiten aus.

Am Abend seines Lebens traf diesen beispiellos erfolg=
reichen Komponisten eine Niederlage, indem er mit seiner
Eröffnungsmusik zur Londoner Weltausstellung von 1862
vor Meyerbeer zurückstehen mußte.

Gleich diesem seinem Rivalen war er ein vergötterter
Maestro seiner Sänger und Sängerinnen, da er in seinen
verschiedensten Opern für jede Stimmgattung bestens Sorge
trug, so daß die meisten Helden und Heldinnen bei ihm
wahre Paraderollen für die Künstler beiderlei Geschlechts sind.

Vor allem hatte der Meister ausschließlich Franzosen und
Französinnen als die Interpreten seiner Ideen und Gestalten
vor Augen, und daher kommt es auch, daß in Frankreich die
Auberschen Opern am vollendetsten gegeben werden. Treffend
hat schon Paul Marsop*) bemerkt: „Feierte nicht Roger, der,
wie die besten Kenner behaupten, allen seinen Landsleuten
in der Technik wie im Vortrag überlegen war, seine größten
Triumphe in der Spieloper? Allerdings giebt es heutzutage keine
Rogers mehr; dennoch vermag ein Deutscher die entzückende
Grazie Aubers, die hinreißende Liebenswürdigkeit Boïeldieus
erst voll zu erfassen, wenn er die Schöpfungen dieser Meister
in einer Vorführung durch französische Künstler sieht. Er
wird sich dann auch darüber klar werden, daß eine „Weiße
Dame", ein „Maurer und Schlosser" in der Darstellung
durch deutsche Sänger gerade so viel an Wirkung einbüßen,
als der „Lohengrin" verlieren würde, wenn man seine In=
terpretation den in ihrer Weise höchst wackeren Künstlern

---

*) „Richard Wagner=Jahrbuch", herausgeg. von Jos. Kürschner,
Bd. 1, S. 319 ff.

der Opéra comique anvertrauen wollte. . . . Das Lust=
spiel Scribes, die Oper Aubers sind für Leute geschrieben,
welche sich auf der Bühne so leicht und frei bewegen wie
auf der Straße; die Kluft zwischen Kunst und Leben ist
bei den Franzosen nicht im Entferntesten so tief wie bei Deut=
schen und Angelsachsen. Dem deutschen Sänger — wie
dem Schauspieler — ist dagegen die Bühne immer etwas,
für das er sich nicht nur eine Maske, sondern stets auch
einen Charakter anschminken muß, selbst wenn er durch
täglichen Umgang noch so vertraut mit ihr geworden. Sein
Kollege an der Seine spielt sich selbst und fühlt sich auf
den Brettern so sicher wie bei sich zu Hause, welches er
denn auch nach vollbrachtem Spiel ohne allzu große Er=
schütterung wieder aufsucht. Jener dagegen muß sich jedes=
mal von neuem in die Illusion wieder hineinarbeiten —
wie auch der deutsche Zuschauer —, wogegen es ihm, wenn
er einmal fortgerissen wird, überaus schwer fällt, sich wie=
der in die platte Wirklichkeit des Alltages zurückzuversetzen."
Als Jüngling ein glühender Republikaner und Revolu=
tionär, dessen Musik zur „Stummen von Portici" gleich=
sam die Marseillaise der Julirevolution bildete, war er als
Mann und Greis eine viel zu geschmeidige und unpolitische
Natur, um sich nicht der jeweiligen Regierungsreform zu
unterwerfen. Er machte seinen Frieden mit Karl X., Louis
Philipp und schließlich Napoleon III. Ersterer näherte sich ihm
freundlich: er verehrte ihm unter anderen eine kleine bronzene
Statue Heinrichs IV. und sprach ihm persönlich seine Be=
wunderung der Musik der „Stummen" aus, ebenso war auch
Napoleon III. ein eifriger Verehrer seines Genius. Die
Festkantate, welche Auber am 6. Juni 1859 zu Ehren des
Sieges bei Magenta komponierte, bewies, daß er nicht un=
empfänglich für die Aufmerksamkeiten war, welche ihm die
Napoleoniden erwiesen. Außerdem komponierte er auch eine
mexikanische Nationalhymne, und zwar auf direkten
Wunsch des unglücklichen Kaisers Maximilian von Mexiko.

Überblicken wir das an musikalischen Thaten so reiche Leben Aubers noch einmal, so müssen wir vor der Fruchtbarkeit, Vielseitigkeit und Schaffenslust desselben voll Bewunderung und Ehrfurcht den Hut ziehen. Er begann klein, als Dilettant, und bildete sich immer mehr und mehr zum vollendeten Meister aus. Er wuchs mit seinen höheren Zwecken. Kein solches persönliches Phänomen, wie Rossini, der schon bei Lebzeiten der Held von Sagen und Legenden wurde, wirkte er dennoch auf dem Gebiete der großen und ebenso auf dem der komischen Oper bahnbrechend. Indem er aus dem ewig frischen Jungbrunnen des Volksliedes und Volkslebens schöpfte, eröffnete er eine neue Welt des ästhetischen und musikalischen Genusses seinen Landsleuten; allerdings ging ihm mit der Zeit die Naivetät des Volkstums verloren und Koketterie und pikanter Sinnenreiz traten an Stelle des Einfachen und Schlichten. Aber immer und immer entzückte er durch die Fülle und Frische seiner Melodien.

In der komischen Oper und im leichten, eleganten Konversationsstück hat dieser Romantiker unvergleichliches geleistet und er hätte sich keinem Tadel ausgesetzt, wenn er nicht zu dramatischen Reizmitteln gegriffen, die vom Standpunkt des ästhetisch Schönen und moralisch Erlaubten nicht zu billigen sind. Unter seinen vier großen, heroischen Opern — es sind dies „Die Stumme", „Gustav III.", „Der Feensee" und „Der verschwenderische Sohn" — wird bloß die „Stumme von Portici" als eine der naivesten und aus dem unbefangensten, frohesten, künstlerischen Schaffensbronnen hervorgegangene Tondichtung unsterblich fortleben. Eins, aber ein Löwe. Schon Emil Naumann hat darauf hingewiesen, daß alle die hervorragenden Nachkömmlinge der Meister der zweiten Ära der grande opéra eine große Verwandtschaft der durch sie behandelten Stoffe und dramatischen Vorwürfe mit der „Stummen" verraten. So besitzen „Tell", „Die Jüdin" und „Die Hugenotten" z. B., gleich der Auberschen

Revolutionsoper, erregende und ganze Volksmassen in leiden=
schaftliche oder aufrührerische Bewegung versetzende, sowie
zugleich mehr oder weniger der wirklichen, und zwar der
neueren Geschichte angehörende Stoffe, die eben deshalb auch
eine größere .Mannigfaltigkeit der musikalischen Formen=
gestaltung und des instrumentalen Kolorits zulassen, als die
schlechter gegliederten antiken und darum noch eine erhabenere
Einfachheit der musikalischen Behandlung fordernden Stoffe
von Opern, wie „Medea", „Vestalin" und der „Olympia",
die der ersten Periode der Pariser „grande opéra" ihre
eigentliche und klassische Signatur aufprägten.

Wo Auber das Feld der rein romantischen Oper be=
treten wollte, wie z. B. in dem „Feensee", welcher nach
einem Volksmärchen von Musäus komponiert war, versagte
seine Kraft. Die Romantik, im Sinne Webers und
Schuberts, lag seiner Begabung fern. Den romantischen
Märchenton und das Gemütsleben unseres Volkes verstand
der Franzose nicht — das war für ihn ein „Kräutchen
rühr mich nicht an."

Großes und Weltbewegendes hat Auber erlebt. Als er
zu denken begann, sah er das Zusammenbrechen des „ancien
regime", dann gewahrte er, wie die erste Republik sich in
Blut berauschte, wie auf deren Trümmern das erste Kaiser=
reich errichtet wurde, um der verdummenden Bourbonen=
herrschaft Platz zu machen, wie die Sonne der Julitage das
Bürgerkönigtum Louis Philipps ausgebrütet, wie der Mann,
„dessen Kopf einer Birne glich," dem Komödianten von
Boulogne und Straßburg weichen mußte, und wie dann
schließlich auch der Thron des Neffen unter der Wucht
deutscher Hiebe bei Sedan zusammenbrach. Aber auch inner=
halb der musikalischen Welt hat er bedeutende Umwand=
lungen erlebt. Geboren in demselben Jahre, als Mozart
seine „Entführung aus dem Serail" in Wien auf die Bühne
brachte, sah er in seinen Jünglingsjahren Cherubini und
Isouard an der Arbeit, um die französische komische Oper

über die Sphäre des Grétryschen Singspiels hinauszuheben,
sowie die große Oper durch Spontini um eine Etappe auf
der Gluckschen Straße weitergeführt, und als Mann nahm
er mit Boïeldieu und Herold selbst den bedeutendsten An=
teil an der nationalen Weiter= und Ausbildung der komi=
schen Oper, sowie neben Rossini an der Schöpfung der
Großen Oper. Er beobachtete in Deutschland die Blüte der
romantischen Schule, deren Hauptvertreter Weber, Spohr
und Marschner waren, und denen Schumann und Mendels=
sohn als deren Gonfalioniere folgten, und erlebte noch die
zwei modernsten Phasen der deutschen und französischen Kunst:
die Wagner=Lisztsche Zukunftsmusik und die Offenbachsche
Cancanwirtschaft.

Ich habe schon oben erwähnt, daß die Auberschen Opern
auch in Deutschland überall gegeben wurden und großer
Volkstümlichkeit sich erfreuten. Fast alle seine Werke wur=
den in den dreißiger und vierziger Jahren in deutschen Aus=
gaben gestochen und erschienen zumeist bei Schott in Mainz,
und zwar in wahren Prachtausgaben. Sie gingen, gleich
den Schöpfungen Rossinis, Donizettis und Bellinis, mit
prunkhaften neuen Dekorationen und Kostümen über die
Bühne, während die gediegenen Tondichtungen der toten
und lebenden deutschen Meister fast allesamt mit dem dürf=
tigsten und abgetragensten Gewande sich begnügen mußten.
Freilich, ein Gluck, Beethoven, Mozart und Weber bedurften
nicht des Putzes: sie blieben Könige auch im Bettlermantel.

Wie unsere Tonheroen, z. B. Richard Wagner, über
den Maestro dachten und urteilten, wissen unsere Leser be=
reits. Der Dichterkomponist war, wie schon erwähnt, im Jahre
1860 in persönliche Beziehungen zu seinem Kollegen getreten.
Den wiederholt erwähnten interessanten „Erinnerungen
an Auber"*) seien noch die nachstehenden Stellen, welche
zugleich die Stellung des Komponisten der „Stummen" zur

---

*) „Ges. Schriften", Bd. 9, S. 55 ff.

deutſchen Muſik, bez. zu dem „Tannhäuſer", ſtreifen, hier
wiedergegeben: „Er (Auber) trat (im Café Tortoni) immer
um Mitternacht ein, wenn er aus der Großen Oper kam,
deren dreihundert= und vierhundertſten Aufführungen er
regelmäßig auf ſeinem Logenplatze, man ſagte mir: meiſtens
ſchlafend, beiwohnte. Immer freundlich und vergnügt auf=
gelegt, erkundigte er ſich nach der Angelegenheit des „Tann=
häuſer", welche damals einigen Lärm in Paris machte; be=
ſonders intereſſierte es ihn, zu hören, daß darin auch etwas
zu ſehen ſein würde. Als ich ihm einiges vom Süjet meiner
Oper mitteilte, rieb er ſich luſtig die Hände: „ah, il aura
du spectacle; ça aura du succès, soyez tranquille!"
Von ſeinem neueſten Werke: „La circassienne", wollte er
nicht von mir reden hören: „ah, laissons les farces en
paix!" Dagegen rieb er ſich mit äußerſter Vergnüglichkeit
die Hände und blitzte mit den luſtigen Augen aus dem
dünnen Kopf heraus, als ich ihm von dem Eifer berichtete,
mit welchem ich einſt als Magdeburger Muſikdirektor ſeine
Oper: „Lestocq" aufgeführt hatte. . . . Was er ſchließlich
von meinem „Tannhäuſer" gehalten hat, habe ich nicht er=
fahren, ich nehme an, er verſtand kein Wort davon!" Schon
1840 nahm Wagner Veranlaſſung, der geringſchätzigen An=
ſicht über Auber, die damals in Paris im Schwange war,
entſchieden entgegenzutreten. Bei Gelegenheit der Beſprechung
einer neuen Oper von Halévy für die „Gazette musicale"
— an der damals Wagner mitarbeitete — geriet er darauf,
der franzöſiſchen Opernmuſik, gegenüber der italieniſchen, das
Wort zu reden; hierbei beklagte er mit voller Aufrichtigkeit
die Verſeichtung des Geſchmackes bei der „großen Oper,"
in welcher damals Donizetti mit ſeiner ungenierten, ſchlaffen
Manier ſich immer breiter machte und hierdurch, wie er
dies nachzuweiſen ſich bemühte, die vortrefflichen Anſätze zur
Ausbildung eines eigentümlichen, ſpecifiſchen franzöſiſchen
Stils für dieſe große Oper immer fühlbarer verdrängte.
So wies er auf die „Stumme" hin und fragte, wie ſich

5

dieser gegenüber, sowohl in Betreff des dramatischen Stils,
als selbst auch der musikalischen Erfindung, die sonst auf jenem
Theater heimischen Opern italienischer Komponisten, und
selbst diejenigen Rossinis, verhielten? Richard Wagner mußte
nun erfahren, daß ein Satz, in welchem er diese Frage zu
gunsten der französischen Musik beantwortet hatte, von dem
Redakteur jener Zeitschrift unterdrückt worden war. Herr
Eduard Monnai, damals zugleich Generalinspektor aller
königl. Theater in Frankreich, erklärte ihm auf seine hier=
über erhobene Beschwerde, daß er unmöglich einen Passus
durchgehen lassen durfte, in welchem Rossini zum Vor=
teil Aubers kritisiert werden konnte. „Vergebens
war es," erzählt Wagner, „dem Mann zu bedeuten, daß es
mir ja nicht eingefallen sei, Rossini und seine Musik zu
kritisieren, sondern nur dessen Verhältnis zur großen fran=
zösischen Oper und deren Stil; daß ich aber außerdem an
ein patriotisches Herz zu appellieren habe, dem es doch fühl=
bar wohlthuen müßte, einen Deutschen für den Wert und
die Bedeutung seines Landsmanns Auber mit Energie ein=
treten zu sehen. Mir ward entgegnet, wenn ich auf das
Gebiet der Politik übertreten wollte, so ständen mir politische
Zeitungen zur Aufrechterhaltung Aubers gegen Rossini ge=
nügend zu Gebote; in einer musikalischen Zeitung sei es
unmöglich, so etwas zu gestatten. Ich blieb abgewiesen,
und Auber sollte nie erfahren, in welchen Konflikt ich für
ihn geraten war."

Bestimmte, bez. zuverlässige, Urteile Aubers über Richard
Wagner haben wir nicht; ist aber Jouvin*) gut unterrichtet,
hat einst der Maestro in einer Gesellschaft, wo der „Tann=
häuser" der Gegenstand lebhafter Debatte war, über ihn gesagt:
„Wagner ist ein hochbegabter Musiker und seine Partitur
hat sehr schöne Seiten, aber sie gleicht einem Buche, das
ohne Punkte und Kommata von der Einleitung bis zum

---

*) D. F. E. Auber, Paris.

Schluß geschrieben ist. Man weiß nicht, wo man aufatmen soll, dem Autor droht der Atem auszugehen."

Noch ein herrliches Wort Wagners über Aubers „Stumme"*) soll hier nicht unerwähnt bleiben:

„Ihren höchsten Höhepunkt erreichte die französische dramatische Musik in Aubers unübertrefflicher ‚Stummen von Portici‘ — einem Nationalwerk, wie jede Nation höchstens nur eins aufzuweisen hat. Diese stürmende Thatkraft, dieses Meer von Empfindungen und Leidenschaften, gemalt in den glühendsten Farben, durchdrungen von den eigensten Melodien, gemischt von Grazie und Gewalt, Anmut und Heroismus — ist dies alles nicht die wahrhafte Verkörperung der letzten Geschichte der französischen Nation? Konnte dies erstaunliche Kunstwerk von einem anderen als von einem Franzosen geschaffen werden? Es ist nicht anders zu sagen: mit diesem Werke hatte die neuere französische Schule ihre Spitze erreicht und sie errang sich somit die Hegemonie über die civilisierte Welt!"

Bedauerlich bleibt es, daß Mendelsohn-Bartholdy, der sonst so mild urteilende Musikheros, über Auber ein Verdikt fällt, welches von dem milden, gerechten und warm anerkennenden Geiste Richard Wagners keine Spur aufweist und das noch viel schärfer gefaßt ist, als die Schumannsche trockene Guillotine. Dieses Verdikt befindet sich in einem Briefe des deutschen Tonkünstlers an seine Familie, dato Rigikulm, den 30. August 1831**), und lautet, anknüpfend an die Besprechung einer Auberschen revolutionären Komposition „Parisienne", einer Art Marseillaise der Julirevolution, wörtlich:

„Sag mal, Fanny, kennst du Aubers Komposition der

*) „Über deutsches Musikwesen", ges. Werke, Bd. 1, S. 165 ff.
**) „Briefe von F. Mendelsohn-Bartholdy", 1832, S. 279 ff.

‚Parisienne‘? Das halte ich für das Schlechteste, was er gemacht hat; vielleicht weil der Gegenstand ein wirklich hoher war, aber auch sonst für ein großes Volk in der gewaltigsten Aufregung ein kleines, ganz kaltes Stückchen zu machen, gemein und läppisch, das war nur Auber imstande. Der Refrain empört mich, so oft ich daran denke; es ist, als ob Kinder mit einer Trommel spielen und dazu singen — nur etwas liederlicher. Die Worte taugen auch nichts; kleine Gegensätze und Pointen sind bei so etwas nicht angebracht. Aber die Musik mit ihrer Leere! Eine Marschmusik für Springer und am Ende eine bloße, elende Kopie der Marseillaise. Das ist es nicht, was für die Zeit gehört; aber weh uns, wenn es das ist, was für die Zeit gehört, wenn es eine bloße Kopie der Marseiller Hymne sein müßte! Was in dieser frei, mutig, voll Schwung ist, das ist hier prahlerisch, kalt, berechnet, künstlich gemacht. Die Marseillaise steht so weit über der ‚Parisienne‘, wie alles, was aus wahrer Begeisterung hervorgegangen ist, über dem steht, was für irgend etwas, und sei es selbst für Begeisterung, gemacht ist. Die wird nie Herz zum Herzen schaffen, weil es ihr nicht vom Herzen geht. Nebenbei finde ich übrigens nirgends zwischen Musikern und Dichtern solch frappante Ähnlichkeit wie zwischen Auber und Clauren. Auber übersetzt treu und Note für Note, was der andere Wort für Wort sagt: die Großthuerei, die infame Sinnlichkeit, die Gelehrsamkeit, die Leckerbißchen, das Kokettieren mit fremder Volkstümlichkeit. Aber wie wollt ihr Clauren aus der Litteraturgeschichte streichen? Und thut es irgend einem Schaden, daß er darin steht? Und leßt ihr etwas Gutes darum weniger gern? Ein junger Dichter müßte nicht weit her sein, wenn er das Zeug nicht von Herzen verachtete und haßte. Aber daß die Leute ihn gern mögen, ist doch einmal wahr; also wird es auch schon recht sein; es ist nur ein Verlust für die Leute. Schreibe mir doch deine Meinung über die ‚Parisienne.‘ Ich singe sie mir

im Gehen zuweilen aus Spaß vor; man marschiert dann
gleich, wie ein Chorist im Zuge.“

Man sieht, wohin man kommt, wenn man an den
nationalsten französischen Komponisten einen deutschen Maß=
stab anlegt! Der Vergleich Aubers mit Heun, den be=
rüchtigten Dichter von „Mimili“, ist entschieden unzutreffend.
Clauren gab die ungeschminkte Gemeinheit des Alltags=
lebens wieder; bei ihm geht Plattheit mit Lüsternheit Hand
in Hand, und falsche Thränenseligkeit paart sich mit wider=
licher Pikanterie. Gewiß ist „Parisienne“ ein schwächliches
Werk, gewiß hat Auber zu flüchtig und zu rasch produciert
und auch auf ihn kann man das Wort anwenden: „Weniger
wäre mehr gewesen!“ — aber ein Clauren war er nicht! Wir
wiederholen: graziöse Lebendigkeit, munterer Konversationston,
leichter und gefälliger Melodienfluß, gewürzt mit zahlreichen
geistreichen Aperçus und komischen Pointen — das sind die
hervorstechendsten Züge, welche seine Opern auszeichnen und
dieselben liebenswürdig und in ihrer Art mustergültig machen.

**Aubers Eigentümlichkeiten. — Bonmots und Witze. — Sein Wesen
und Charakter. — Seine letzten Lebenstage. — Tod und Totenfeier.**

Es giebt wohl kaum einen berühmten Mann in der
ganzen Musikgeschichte, dessen Leben so wenig Abwechs=
lung geboten hätte, wie dasjenige Aubers. Er liebte weder
das Reisen, noch das Landleben und hat seine geliebte
Stadt Paris fast nie verlassen. Die Pariser Salons,
Boulevards und Theater — sie umschlossen den ganzen Kreis,
welcher ihn jahraus jahrein festgehalten. Als er einst
einen Freund, der ihn besuchte, zur Thür begleitete, sprach
er, auf einige Landschaftsbilder an der Wand zeigend: „Be=
trachten Sie diese Berge, Wiesen, Wälder; es ist ungefähr
alles, was ich je von der Natur und ihrer Herrlichkeit ge=
sehen.“ Lächelnd fügte er hinzu: „Ich denke, Scribe hat

mich in meinen Opern genug auf Reisen geschickt, daß ich
wohl mit gutem Gewissen daheim bleiben und mich aus=
ruhen darf."

Da er ein sehr geregeltes Leben führte und in allem
mäßig war — er nahm täglich, außer einer Tasse Thee
des Morgens, nur eine Mahlzeit abends zu sich —, erreichte
er ein sehr hohes Alter. Bis zum letzten Augenblick war ihm
die Arbeit die liebste Erholung — kam doch noch in seinem
siebenundachtzigsten Lebensjahre, wie schon erwähnt, sein
Schwanengesang: „Liebesträume" zur Aufführung! Arbeit
war für ihn das Leben, dem sozusagen die Höhen und
Tiefen fehlten. Glatt und eben, ganz wie seine Werke, hat
sich sein Daseinsfaden abgesponnen, ohne Konvulsionen und
Erschütterungen, ohne Zwist und Konflikt von innen und
außen — denn nicht einmal verheiratet war er.

Das einzige Ereignis seines Lebens war vielleicht, daß
er zum Generalintendanten der Großen Oper berufen wurde,
doch lehnte er diesen Ruf im Interesse seiner schöpferischen
Thätigkeit ab.

An Auszeichnungen aller Art fehlte es diesem erfolg=
reichen Tonkünstler selbstverständlich nicht. Wir haben schon
erwähnt, daß er Ritter (seit 1825) und Kommandeur (seit
1847) der Ehrenlegion, Direktor des Konservatoriums (seit
1842) und Hofkapellmeister (seit 1857) war. Er war nicht
wenig stolz auf seine Mitgliedschaft der Akademie der Wissen=
schaften (seit 1829) und auch darauf, daß der preußische
Orden pour le mérite für Kunst und Wissenschaft seine
Brust schmückte. Mit Meyerbeer und Spontini gehörte er
zu den am meisten mit Orden gesegneten Komponisten
seiner Zeit.

Deutsches Gemütsleben und tiefstes Empfinden darf man
freilich nicht bei ihm suchen. In die dramatische Musik
einzudringen, prägnant zu charakterisieren und großartige
Ensemblebauten aufzuführen, das konnte und wollte er nicht.

Eines schickt sich nicht für alle!

Betrachten wir noch zum Schluß die Stellung Aubers
zu den übrigen Vertretern der großen und komischen Oper
seiner Zeit, so finden wir, daß F. A. Boïeldieu, der
geniale Komponist der „Weißen Dame" und von „Johann von
Paris", in der romantischen Oper seine ganze glänzende
Eigenart zeigt und hier durch seine wahrhaft bezaubernde
Melodie und seinen Harmonienreichtum hervorragt; daß
Herold, der Verfasser von „Zampa, die Marmorbraut"
und „Le pré aux clercs" („Der Zweikampf"), bestrebt ist,
den Rahmen der komisch-romantischen Oper zu sprengen
und die Romantik zur ausschließlichen Beherrscherin der fran=
zösischen Singbühne zu machen; daß Adam, der Autor
von „Postillon von Lonjumeau", sich am meisten dem
Auberschen Stile nähert, nur daß er viel leichtfertiger und
oberflächlicher schafft, wie sein Herr und Meister; daß
Halévy, der Schöpfer der „Jüdin", bei all den verschie=
denen Berührungspunkten mit Auber und bei all seinem
musikalischen Genie durch eine zuweilen gesuchte und ge=
künstelte Melodienbildung und zu grelle Farben und Kon=
traste im Vergleich mit dem Komponisten der „Stummen"
den Kürzeren ziehen muß. Ohne Zweifel ist dieser viel
origineller, viel fruchtbarer, viel mannigfaltiger und viel
natürlicher. Die musikalischen Gedanken Aubers sind ein=
fach, diejenigen Halévys kompliziert. Letzterer dramatisiert
die Musik, ersterer macht das Drama sangbar.

Bis in sein hohes Greisenalter bewahrte sich Auber eine
erstaunliche körperliche und geistige Schwungkraft. Man kann
sagen, daß er einer der fleißigsten und arbeitsfrohesten
Männer Frankreichs war. Die geregelte Thätigkeit stärkte
seinen Organismus, denn er hat kaum mehr als vier
Stunden täglich — und zwar schon seit seinem zwanzigsten
Lebensjahre — geschlafen.

Die Hauptpassion seines Lebens bildete, wie schon er=
wähnt, das Reiten. Jeden Morgen konnte man ihn hoch
zu Pferde nach dem Boulogner Gehölz reiten sehen.

Nicht einmal die Aufregung, welche für den Autor eine Premiere seiner Werke bildet, wollte er riskieren, denn er hat es nie über sich gewinnen können, während der Aufführung seiner Opern sich den Blicken des Publikums auszusetzen. Der stürmischste Beifall des Hauses war nicht imstande, den scheuen, jeder persönlichen Berührung mit der Öffentlichkeit abholden Meister dem sicheren Verstecke im tiefsten Hintergrund der Bühne zu entreißen. „Wozu ins Theater gehen?" äußerte er einst, „ich kenne die Musik schon, und ich würde mich nur ärgern, wenn die Ausführung hinter meinen Intentionen zurückbliebe."

Als das Höchste unter den Gütern dieser Erde galt ihm die Jugend. Er äußerte oft, daß er für einen ihrer Rosenkränze mit Freuden allen Lorbeer, wie sämtliche übrigen Früchte eines langen, mühevollen Lebens hingeben würde. In der Kunst, jung zu bleiben, und der noch weit schwierigeren, es stets zu scheinen, hat ihn wohl niemand übertroffen. Als einst in seiner Gegenwart von der Langeweile, immer älter zu werden, die Rede war, rief er aus: „Ja, es ist verdrießlich, aber bis jetzt machte man kein anderes Mittel ausfindig, um lange zu leben."

Trotz seiner außerordentlichen Beschäftigung blieb ihm noch immer Zeit, dem Frohndienst der unersättlichen Pariser Gesellschaft zu opfern. In seiner ganzen Erscheinung zeigte er den feinen Welt- und Lebemann. Er hielt sehr auf die schönsten und elegantesten Anzüge und obschon er, wie gesagt, ein eingefleischter Hagestolz war, machte er den Damen mit Leidenschaft den Hof. Wie Rossini, zählte auch er zu den liebenswürdigsten und geistreichsten musikalischen Plauderern der Pariser Salons, als deren Löwe er Zeit seines Lebens hoch gefeiert wurde.

Auber war die Verkörperung des Pariser Esprits und er gab in Bezug auf treffende Bonmots und schlagfertige Antworten dem geistreichen Rossini nichts nach. Aus der

Fülle der beglaubigten Äußerungen des Maestro seien nur die nachstehenden hier wiedergegeben:

Der verstorbene König Otto von Griechenland, ein geborener Prinz von Bayern, war ein leidenschaftlicher Musikfreund und hegte namentlich für die Auberschen Opern eine besondere Vorliebe. Der Meister hatte eben sein Werk: „Die Braut des Königs von Garbe" vollendet. Als er dem Monarchen vorgestellt wurde, fragte ihn dieser:

„Sie haben also wieder eine Oper geschrieben?"

„Ja, Majestät, ich bin leider so unvorsichtig gewesen!"

Gegen boshafte und scharfe Kritiken war Auber, im Gegensatz zu Meyerbeer und anderen Komponisten, nie sehr empfindlich. So erfuhr z. B. in der Pariser Presse die genannte Oper neben begeistertem Lob auch entschiedenen, rücksichtslosen Tadel. Nachdem er die Kritiken gelesen, nahm er die 6500 Franken, die Bareinnahme der Erstaufführung seiner Oper, wickelte sie in die Journale ein, welche ihn am heftigsten angegriffen hatten und — verwahrte sie in seiner Schatulle.

Einst kehrte der Greis von einer Beerdigung zurück und sagte zu seinen Begleitern: „Ich werde wohl heute zum letztenmale als Amateur auf dem Kirchhofe gewesen sein!"

Überaus bescheiden, hielt sich Auber gar nicht für einen Künstler. Richard Wagner berichtet in dieser Beziehung folgendes von ihm. Auber saß als Direktor des Konservatoriums regelmäßig in der Ehrenloge der Direktion, wenn man unten im Saale eine Beethovensche Symphonie spielte. Dabei sagte er einst zu seinem Gaste Wagner mit lächelnder Verwunderung: „Verstehen Sie was davon? Ich verstehe kein Wort!"

Ungefähr so ließ sich auch Rossini seiner Zeit vernehmen, wenn seine begeisterten Verehrer ihn als Hohepriester der Musik gar zu arg priesen.

Nach dem Orsinischen Bombenattentat auf Napoleon III. war lange Zeit hindurch das Publikum der Theater, welche der Kaiser der Franzosen besuchte, von Polizeiagenten förmlich umschwirrt. Eines Abends, als Napoleon III. in der italienischen Oper angesagt war, saß Auber in seiner Loge und wartete nur das Ende der Ouvertüre ab, um, wie er es zu thun gewohnt war, sein Verdauungsschläfchen zu halten; plötzlich ging neben ihm mit großem Geräusch die Logenthüre auf und Mademoiselle S., eine Sängerin von ebenso großem Ruf als enormem Embonpoint, trat in prachtvoller Toilette ein. Als sie den Theatermantel schwung= voll abwarf, sah man, daß die ohnedies sehr entwickelte Dame bis an die Grenze der Möglichkeit dekolletiert war. „Cachez vos bombes, Madame", rief ihr Auber kaustisch zu — „la police est prévenue!"

Noch auf dem Totenbette verließ ihn sein Humor nicht. Er war schon dem Sterben nahe und doch sprach er in den Zwischenpausen seines Leidens mit der gewöhnlichen Munter= keit mit jenen, welche zum Besuche zugelassen waren. Der Direktor der „Concerts populairs" kam ebenfalls, und ganz natürlich drehte sich das Gespräch am Krankenlager um die Kunst. „Mein lieber Pasdeloup", sagte Auber mit einer Lippenbewegung von unbeschreiblicher Anmut, „Sie lieben also noch immer die Musik?"

„Immer, mein lieber Maestro, aber nicht mehr wie Sie!"

„O ich, bei mir ist das etwas ganz anderes! Ich habe sie bis zum fünfunddreißigsten Jahre geliebt — eine wahre Jünglingsleidenschaft! Ich habe sie geliebt, so lange sie meine Geliebte war . . . dann ist sie mein Weib geworden!" Was er nicht aussprach, verriet sich kaum durch ein feines, bezeichnendes Lächeln. Wir haben oben den Sinn seiner Worte zu deuten gesucht.

Der große Tonkünstler war einer der bescheidensten, liebenswürdigsten und gefälligsten Menschen. Er hatte viele Neider und Gegner, aber keinen einzigen persönlichen Feind. Für seine Gutmütigkeit ist die nachstehende kleine Geschichte am besten charakteristisch:

Als man an der Komischen Oper zu Paris die Oper

Grétrys: „L'épreuve villageoise" neu einstudierte, hatte sich zu einer der Hauptproben auch Auber eingefunden, der dem Direktor gegenüber sein Bedauern darüber aussprach, daß die schöne und reizende Musik bei einem unvollkommenen Orchester notwendig verlieren müsse.

„Das ist leider wahr, entgegnete der Direktor; ich habe auch schon gedacht, die Musik neu instrumentieren zu lassen, aber wem dürfte ich dieses mühsame und schwierige Werk wohl anders anvertrauen als einem unserer ersten und größten Komponisten?"

„Ohne Zweifel", erwiderte Auber, „und ein jeder wird sich gern dieser ehrenden Aufgabe unterziehen."

„Auch Auber?" fragte der Direktor. „Nur ihm könnte ich die Sache anvertrauen."

„Auch Auber," gab der Maestro zur Antwort, „wenn es unter der Bedingung geschieht, daß man davon nicht weiter redet und die Arbeit als eine dem Andenken des großen Grétry dargebrachte Huldigung ansieht."

Bei jeder Musikpartitur, die er in seinem Alter heraus= gab, pflegte er zu sagen: „Für diesmal ist es mein letztes Werk!" Als ihn bei einem solchen Anlaß Jouvin fragte, ob er denn nicht wieder an einer neuen Oper arbeite, er= griff er dessen Hände und sagte, gleichsam beschämt: „ich bin so thöricht."

In seiner Gedenkrede auf Auber sagte Alexander Dumas Sohn treffend von ihm: „Die Arbeit war seine Religion." In der That war er vielleicht der fleißigste Komponist, welcher je gelebt hat. Es gab keine musikalische Prüfungs= kommission, keine Jury, in der nicht das greise Haupt Aubers vom Präsidentenstuhle geleuchtet hätte. Rastlos arbeitete er den ganzen Tag, entweder im Konservatorium oder an seinen Kompositionen, ging nach Mitternacht zu Bette, um wieder am frühen Morgen sich zu erheben, wenn das übrige Paris noch im Schlafe lag.

Höflich, aber knapp abgemessen empfing er seine Be=

sucher in seiner eleganten Wohnung in der Rue St. Georges
Nr. 24. Er war nur in der frühesten Morgenstunde zu
sprechen. Selten sah man ihn im Alter lächeln; nur die
glutschwarzen Augen unter den dichten Augenbrauen ver-
rieten noch in dem Greisengesicht den lebhaften Geist. In
der gleichen gemessenen und würdevollen Weise trat er
überall in der Öffentlichkeit auf, war aber bei seinem
Erscheinen stets der Mittelpunkt allgemeiner Aufmerksamkeit.

Er verließ Paris fast nie. Ja, nicht einmal die Um-
gegend von Paris hatte Reiz für ihn. Nur einmal machte
er, als er sich angegriffen fühlte, auf das Drängen seiner
Freunde einen kleinen Ausflug; er sagte dem Seinebabel
ade, um in einem hübschen Dorf neben Paris sich vierzehn
Tage zu erholen. Er versprach feierlich, während dieser
Zeit nichts zu arbeiten — aber heimlich nahm er doch eine
begonnene Opernpartitur mit sich, um sie in seinem buen
retiro zu vollenden. Kaum vom Wagen gestiegen, fordert
er das Zimmer, welches seine Freunde schon vorher behag-
lich für ihn eingerichtet hatten. Er entschuldigt sich bei
ihnen, daß er für einen Augenblick sich von ihnen zurück-
ziehen müsse, er wolle nur einige musikalische Einfälle auf-
notieren und dann gleich bei ihnen sein.

Die Gesellschaft unternimmt inzwischen einen Spaziergang durch den Park. Minuten und Stunden vergehen, er
kommt nicht. Es naht die Mittagszeit; man setzt sich zu
Tisch. Er läßt auf sich warten. Suppe und erster Gang
sind inzwischen kalt geworden. Endlich erscheint er und entschuldigt sich wegen der Verspätung, aber mit der Zerstreut-
heit eines Mannes, dessen Geist ganz wo anders ist. Ohne
erst das Dessert abzuwarten, entfernt er sich geräuschlos und
begiebt sich in sein Arbeitszimmer. Am anderen Tag und
den darauf folgenden spielt sich dieselbe Scene ab. Für ihn
existiert kein Ausflug, kein Spaziergang, keine Bewunderung
der anmutigen landschaftlichen Scenerie — er sitzt von früh

morgens bis spät in die Nacht über seine Arbeit gebeugt — nach vierzehn Tagen ist die Partitur fertig und er kehrt nach Paris zurück.

Das nannte Auber „sich erholen!"

Er war nur selten krank. Aber im Jahre 1869, als siebenundachtzigjähriger Greis, fühlte er leise Krankheits= anfälle, denen er zwei Jahre später unterliegen sollte. Den ärgsten Stoß jedoch gab seiner Gesundheit die Belagerung von Paris, während welcher Auber auf seine ihm lieb ge= wordenen Gewohnheiten und Eigentümlichkeiten verzichten mußte. Er konnte sich nicht nach Herzenslust bewegen und auch die gewohnte Zeitungslektüre floß nicht so ergiebig wie in normalen Zeiten, obschon er die Lektüre sehr liebte: neben Rosinen hatte er dafür die meiste Schwäche.

Seit dem Beginn der Communeherrschaft verbot er seinem Kutscher, sein Pferd „Figaro" auf der Straße sehen zu lassen; nur das eine Pferd war ihm noch übrig geblieben; seine Lieblingsrosinante „Almaviva" war ihm während der Belagerung — aufgegessen worden!

Am 6. Mai 1871 mußte er endlich das Bett auf= suchen — er sollte dasselbe nicht mehr verlassen. Sehr interessante Erinnerungen an die letzten Lebenstage Aubers veröffentlichte sein langjähriger Freund und Hausgenosse, der Bibliothekar des Pariser Konservatoriums J. B. Weckerlin, in dem „Les derniers moments d'Auber" überschriebenen Kapitel seines Buches: „Musiciana" (S. 117 ff.), dem ich das Nachstehende entnehme: Vier Tage vor seinem Tode sagte Auber zu Weckerlin, daß er sich sehr langweile, nicht arbeiten zu können, da ihm die Feder aus der Hand fiele, sobald er fünf oder sechs Takte geschrieben hätte. Eine ver= traute Freundin, die es ihm auch bis ins Grab war, blieb während des ganzen Tages bei ihm: sie erfüllte ihre Auf= gabe, den Kranken zu bewachen und zu pflegen, mit großer Zärtlichkeit, Selbstaufopferung und Energie, wie dies nur eine Frau kann, die liebt.

Er konnte nur noch stoßweise sprechen. In den letzten
drei Tagen seines Lebens wurde er schwach wie ein Kind.
Bis dahin hatte er sich kaum um die Kanonenschüsse, welche
Tag und Nacht fortdauerten, gekümmert, aber nun ließ ihn
jedes Dröhnen erzittern, jedoch beklagte er sich trotzdem nicht.

Der Komponist Ambroise Thomas, der berühmte Autor
von „Mignon" und „Hamlet", welcher mit Auber sehr be-
freundet war, verließ sofort Argenteuil, als er von dem
Zustande des Patienten Kenntnis erhielt. Er mietete sich
in der Rue St. Georges ein, um immer in der Nähe des
Leidenden sein zu können.

Eine Sängerin, Fräulein Marie Roze, besuchte den
Meister am 9. Mai und erzählte ihm unter anderen, daß
die Landsleute sie ersuchten, für die Verwundeten der Commune in einem Konzert singen zu wollen. Er meinte:
„Meine Kleine . . . Man muß nicht für die Commune
singen . . . ich liebe es nicht!" Tags darauf wurde Fräulein Marie Roze durch den Besuch von drei Generälen der
Commune überrascht, um die Sängerin zum Singen für
die Verwundeten abzuholen. Sie erklärte aber, daß sie
leider erkältet sei und ihr Versprechen nicht erfüllen könne.
Plötzlich änderte sie aber ihre Meinung, indem sie sagte:
„Ich entdecke eben, daß ich noch ein wenig Stimme habe,
die aber nicht für ein Konzert, wohl aber für eine Messe
ausreicht. Wollt ihr also kein Konzert, sondern eine Messe
veranstalten, so stehe ich euch zur Verfügung!" Dem jüngsten
unter den Generälen gefiel der Vorschlag und er rief: „Das
ist eine gute Idee!" aber der älteste der Offiziere, ein ge-
bräunter Eisenfresser, meinte barsch: „Für eine Messe be-
danke ich mich!"

In seinen Fieberphantasien beschäftigten den Künstler
immer seine Partituren. Er wiederholte oft die Worte:
„Abschreiber, prüfen Sie schnell! . . . Halt, noch einen
Augenblick! . . . Stellen Sie das Pedal hin!"

Sein Todeskampf währte volle zwei Tage; während

seiner Delirien und Nervenerschütterungen mußte er von
vier Personen gehalten werden, damit er nicht aus dem
Bette stürze.

Am 13. Mai 1871, zwei Stunden nach Mitternacht,
hauchte er seine große Seele aus, nachdem er vorher noch
einmal seine Augen weit aufgerissen und sich auf seiner
Lagerstätte umgewandt hatte.

Sein Körper wurde tags darauf einbalsamiert und in
einen bleiernen Sarg gelegt. Bei dem damaligen Zustand
von Paris und in Anbetracht der Abwesenheit eines großen
Teils des musikalischen Publikums und namentlich der Mehr=
zahl der Professoren des Pariser Konservatoriums, fand
man, daß das Leichenbegängnis nicht mit der dem Rufe
des Komponisten schuldigen Feierlichkeit vor sich gehen werde,
und deshalb beschloß man, die officielle Feier zu verschieben
und den Leichnam provisorisch in einem Gewölbe der Trinité=
Kirche beizusetzen. So wurde denn am 13. Mai, um vier
Uhr nachmittags, der Sarg nach der Dreifaltigkeitskirche
überführt. Das ganze Leichenbegängnis bestand nur aus
drei Personen: Ambroise Thomas, einem M. Yver und
J. B. Weckerlin.

Erst zwei Monate später, am 15. Juli, wurden die
sterblichen Überreste Aubers unter lebhafter Beteiligung der
Franzosen von der Dreifaltigkeitskirche nach dem Friedhofe
von Montmartre übergeführt. Dem Gebrauche gemäß war
in der Mitte der Kirche ein Katafalk aufgerichtet und ihn
umgaben zahlreiche Menschen, wissenschaftliche, künstlerische
und politische Berühmtheiten, sowie zahlreiche andere Ver=
ehrer und Verehrerinnen des Meisters. Punkt zwölf Uhr
begann der Trauergottesdienst. Während desselben wur=
den folgende Musikstücke ausgeführt: Fragmente aus dem
C-moll-Requiem von Cherubini; das Andante aus der
C-moll-Symphonie von Beethoven; Benediktus von Auber,
gesungen von dem Baritonisten Bouchy; mit Begleitung von
Orgel, Harfe und Klarinette: Agnus Dei, von demselben

Komponisten, gesungen von den Damen Priola und Bloch, mit Begleitung von Orgel, Harfe und Klarinette. Das Orchester der Konzerte des Konservatoriums, die Künstler der lyrischen Oper und die Zöglinge des Konservatoriums waren bei der Totenfeier beteiligt. Um ein Viertel zwei Uhr setzte sich der Zug in Bewegung und begab sich an der Großen und Komischen Oper vorbei und durch die Rue Auber nach dem Friedhof Montmartre. An der Spitze marschierte das Musikcorps des ersten Genieregiments — durch den Kriegsminister eigens von Arras nach Paris beordert —, welches Trauermärsche exekutierte. An der Gruft sangen die „Enfants de l'Orphéon de la ville" im Verein mit den Choristen der Oper das Gebet aus dem fünften Akt der „Stummen." Am Grabe wurden sieben Reden gehalten und zwar von dem Unterrichtsminister Jules Simon, von Beulé im Namen der Akademie der Wissenschaften, von Ambroise Thomas im Namen des Konservatoriums, von Alexander Dumas Sohn im Namen der Gesellschaft dramatischer Autoren, von Emil Perron im Namen der Großen und von Herrn de Leuven im Namen der Komischen Oper und endlich von Baron Taylor im Namen der Gesellschaft der Schauspieler und Sänger.

Der Rede von Alexander Dumas entnehme ich die nachstehenden Stellen, welche zwar von dem französischen Chauvinismus zeugen, aber der Größe des Komponisten immerhin gerecht werden: „Niemand war glücklicher und stolzer, unserer Nation anzugehören, welche von den anderen so verschieden beurteilt und doch so einstimmig nachgeahmt und beneidet wird. Er trieb die Liebe zu seiner Nationalität so weit, daß er nicht nur das Land, sondern auch die Stadt niemals verlassen, die ihn emporkommen sah und die an der Spitze der intelligenten Welt zu erhalten er so viel beigetragen hat. Man hätte glauben können, jenseits unserer Grenzen durch innere Einflüsse dieses so feine, zarte, mannigfaltige und doch so klare und deutliche Nationalgenie zu schätzigen, welches in ihm einen so bedeutsamen Ausdruck gefunden hat. Zwei in der Geschichte beispiellose Belagerungen — denn unser seltsames Land scheint immer berufen, der Welt stets die unerwartetsten und widersprechendsten Schauspiele zu geben —, zwei Belagerungen, in deren einer Paris die Vernichtung, in der anderen den Sieg des Belagerers wünschte, zwei Belagerungen konnten diesen echten Pariser, trotz seiner neunzig Jahre, nicht bestimmen, die Hauptstadt seines Herzens und seines Geistes zu verlassen. Diesem Entschluß lag weder die Apathie des Greisenalters, noch Gleichgültigkeit für äußeres Wohlleben, noch eine physische Schwäche, noch eine materielle Notwendigkeit, sondern nur jene Liebe zum Vaterlande, welcher Auber seine mächtigsten musikalischen Inspirationen verdankt hatte, und der er ehrlich seine Schuld heimtrug, zu Grunde. Aber die menschlichen Kräfte haben leider ihre Grenzen. So lange der Feind der Ausländer war, hat Auber gelebt, widerstanden, gehofft; als es aber der Landsmann, der Bruder von gestern, der Franzose war, wollte Auber nicht mehr sehen, nicht mehr hoffen, nicht mehr leben. Wie der große Römer verhüllte er sich das Angesicht und brach mit dem Ruf: „Auch du mein Sohn!" zusammen.

„Nun denn, trotz des furchtbaren Unglücks, welches uns seit einem Jahre heimgesucht — denn gerade ein Jahr ist es heute, daß Frankreich Preußen den Krieg erklärt hat —, trotz der Schmerzensrufe, die auch an unser Ohr klingen, trotz der blutenden Wunden und der uns noch umgebenden Trauer, trotz dieser zu unseren Füßen geöffneten Grube, ist es mir unmöglich, in Gedanken länger bei diesem Tode zu verweilen, und gerade dieser Tod führt mich zur Hoffnung, zum Leben zurück. Er wußte recht gut, daß er nicht altern kann, er, der beinahe durch hundert Jahre jung blieb; er wußte jetzt auch recht gut, daß derjenige nicht sterben kann, noch darf, dem der Tod der Einzug in die Unsterblichkeit ist. Welches wäre der stärkere Beweis für die ewige Wiedergeburt des

Lebens, als das sich stets verjüngende Leben Aubers? Er
war mit seiner Person, seinem Charakter, seinem Talent so
sehr der Beweis des Lebens selbst, daß wir ihn noch immer
lächelnd, munter und heiter an uns vorübergehen zu sehen
glauben, mit seiner feinen und edlen Heiterkeit, die nicht
bloß ein Blitz des Geistes, sondern auch ein Strahl der
Seele ist. Es giebt nicht einen unter uns, der nicht seine
frühesten Erinnerungen in die Melodie dieses glücklichen
Genius wiegen könnte. Seine unversiegliche Erfindungs=
kraft fließt seit einem halben Jahrhundert durch unsere
Existenz wie ein Bach aus natürlicher Quelle, Spiegel und
Thau, Erfrischung und Lied zugleich. Wie viel Trauer hat
er murmelnd weggespült, wie viel Lächeln wiedergespiegelt,
wie viel Geheimnisse empfangen und wie viel sanfte Thränen
in seinen krystallhellen Strom gemischt! Wie oft ließ dieser
Zauberer uns die Sorgen auf den anderen Morgen ver=
tagen, und als der andere Morgen kam, hatten wir sie ver=
gessen. . . .

„Auber war fleißig und gewissenhaft. Die Arbeit war
seine Religion. Er hat ihr alles geopfert. Er hat seinen
Instinkten Schweigen auferlegt, die Schläge seines Herzens
ins Gleichgewicht gebracht, seiner Phantasie die Flügel ab=
geschnitten, seinen Leib in Zucht gehalten, alle seine Kräfte
dem Geiste dienstbar gemacht und auch den gefährlichsten
Verführungen auf die Dauer keine Blöße gegeben. Sein
Genie war nicht bloß göttliche Eingebung, wie jene glauben,
welche beständig auf die Eingebung warten, statt ihr ent=
gegenzugeben — es war auch Wille, Ausdauer und tägliche
Arbeit. Daher diese ewige Frische, ohne Ziererei, ohne
Schwäche nach Täuschung, welche mit unendlichem, oft un=
begreiflichem Glück alle Anmut der Jugend, alle Energie
des reiferen Alters mit der heiteren Würde einer wohler=
füllten, langen Lebensbahn vereinigte, so zwar, daß wir
Auber niemals als Greis und niemals als Kind zu be=
handeln hatten.

„Oberflächliche Beurteiler erblickten in ihm einen Epikuräer, einen Philosophen, einen Indifferenten. Man hat ihn manchmal sogar, wie Goethe, einen Egoisten genannt. Ohne Weib und Kind, schien Auber allerdings sich den Herzenspflichten entziehen zu wollen, aber wenn er ihnen entsagte, um seiner Kunst allein anzugehören, war dies wohl Bereicherung oder nicht vielmehr ein Opfer? Die Wahrheit ist, daß Auber ein **wahrer und großer Künstler gewesen ist, einer jener Auserwählten, auf welche die anderen angewiesen waren, während sie selbst der anderen nicht bedurften.**"

Drei Tage vorher hatte bereits bei der Wiedereröffnung der Großen Oper eine würdige Huldigung für die Manen des berühmten Meisters stattgefunden. Der neue Direktor Halanzier hatte die Vorstellung der „Stummen von Portici" dazu gewählt. In den Logen sah man unter anderen Jules Simon, Pelletan, Charles Blanc und noch sonstige namhafte Vertreter der Geistes- und Geburtsaristokratie. Ungeachtet des Belagerungszustandes, welcher die Schließung der Theater von elf Uhr Nachts an anordnete, dauerte die musikalische Totenfeier bis ein Viertel vor zwölf Uhr.

Als seinen Nachfolger in der Direktion des Konservatoriums hatte die Commune-Regierung den „Bürger" Salvador Daniel ernannt, der unter dem Kaiserreich die musikalische Kritik in der „Marseillaise" besorgt hatte und von dem seine Freunde nachrühmten, „daß er die originellsten Stücke der arabischen Musik für die französischen Instrumente arrangiert habe." Dieser nicht unbegabte Musiker trat sein Amt mit jenen hochfliegenden Plänen und tönenden Phrasen, durch welche die „Karrikatur der Schreckenszeit" an das Jahr 1793 zu erinnern suchte, an, konnte jedoch keine Wirksamkeit entfalten, weil die überwiegende Zahl der Lehrer seine Aufrufe ignorierte und er wenige Tage nach dem Beginn seiner Amtsthätigkeit beim Einzug der Versailler Truppen an einer Ecke der von ihm bewohnten

Straße standrechtlich erschossen wurde. Herr Ambroise
Thomas übernahm hierauf die Leitung des Konservatoriums.
Bei diesem Anlaß sei erwähnt, daß, als des Meisters Ab=
leben zur Kenntnis der Commune gekommen war, sie sofort
Delegierte ins Sterbehaus sandte, um anzuzeigen, daß
sie Auber in einer, eines Patrioten würdigen Weise be=
statten lassen würde, d. h. ohne kirchliche Ceremonien, mit
roten Fahnen, wie einen Hauptmann der Nationalgarde.
Man hatte große Mühe, den Delegierten begreiflich zu
machen, daß Auber nicht die Ehre hatte, „Patriot“ in ihrem
Sinne zu sein. „Als berühmter Mann“, erwiderten sie,
„gehört er der Nation!“ Man sagte ihnen aber dann, daß
der große Tonkünstler wahrscheinlich in dieser Beziehung in
seinem Testamente seine Verfügungen getroffen haben werde,
daß aber dasselbe erst in Gegenwart seiner ihn beerbenden
Nichten, die von Paris abwesend seien, eröffnet werden
könne. Die Communards verstanden sich endlich dazu, die
Rückkehr derselben abzuwarten. Wie schon erwähnt, ent=
ging man durch die provisorische Beisetzung des Leichnams
einer communistischen Demonstration, welche gewiß nicht im
Sinne des ordnungsliebenden Auber gewesen wäre, den
überdies der Atheismus der Commune in der Seele an=
widerte.

Auber erreichte ein Alter von neunundachtzig Jahren
und drei Monaten. Neunzigjährige Komponisten gleich ihm
hat es in der ganzen Musikgeschichte nicht gegeben, beson=
ders nicht solche, welche noch als „Urgreise“ thätig und
schaffensfreudig waren und Genuß an ihren Gaben fanden.
Bach starb mit sechsundsechzig, Händel mit vierundsiebzig,
Rossini mit sechsundsiebzig und Haydn mit siebenundsiebzig
Jahren — schon diese lange Lebensdauer unseres Tonheros
hat etwas ehrfurchtgebietendes.

Noch nach seinem Tode sorgte er für das von ihm ge=
schaffene und so geliebte Kind: die komische Oper; in seinem
Testament fand sich ein Preis von 5000 Franks aus=

gesetzt, der alljährlich für die beste komische Oper verteilt werden sollte.

Es war ihm glücklicherweise der Schmerz vorenthalten, die in der Nacht vom 25. auf den 26. Mai 1887 erfolgte Katastrophe zu erleben, als sein Haus, die Komische Oper, in Flammen aufging, unter ihren Trümmern hunderte blühender Menschenleben begrabend.

E n d e.

Inhalt.

www.ingramcontent.com/pod-product-compliance
Lightning Source LLC
Chambersburg PA
CBHW020307090426
42735CB00009B/1256